「教育改革」の改革

飛び跳ねる時代へ

渡辺博史 著

帝京新書
006

まえがき

教育に携わる方たち、教授、教員や研究者、公務員が教育をテーマに講演をしたり本を出したりすることは珍しくはありません。しかしながら財務省に三十五年間務めただけの私が教育論を述べることには違和感を持つ人がいらっしゃるでしょう。でも、文部科学省を頂点にした教育界、そしてその集団に所属してこなかった専門外の人間だからこそ、教育の可能性と課題が分かったり見えたりすることもあるのです。また、あえて言えば、未来世代の教育をどうするのかは、経済や政治と深く結びついています。経済的かつ政治的要請と教育は無縁ではいられないからです。

教育はそれが存する社会を含めて、時代を反映します。

本書のテーマは、学生は大学で何を学ばなければならないかということについてです。

それと同時に、大学は学生に何を教えなければならないのかということです。大学についての理想と現実のギャップ、学生の目標と現状の隔たりはできるだけ早く埋めていかなければなりません。産業界の要請もあり、こうしたギャップや隔たりを埋めようと「教育改革」が繰り返し唱えられてきました。

脱詰め込み型暗記教育に脱偏差値、ゆとり教育に個性重視教育、そして生きる力教育と「教育改革」のテーマは目まぐるしく変わりました。激変する時代の要請は理解できるにしても「猫の目改革」の印象はぬぐえません。

「教育改革」に代わり「教育再生」の言葉が政治の側から飛び出してきた時には、さすがに驚かされました。それまでの改革は失敗だったと鉄槌を下されたからです。

では教育は再生したのでしょうか。

大きなボタンの掛け違いがあったように私には思われます。

これらのテーマの変遷の背景には、義務教育が変われば高等教育（大学）は変わるという暗黙の前提があったのではないでしょうか。義務教育が変わればそれを受けて高等教育は変わり、世界で活躍できる人材が多く輩出されると早合点したのではないでしょうか。教育改革も教育再生も、そこにボタンの掛け違いによる誤謬があったと思えてなりません。

改革は実際に具体案を提示した時に賛意を直ちに得られなくても、理解される可能性の高い分野、平たく言えば「手の付けやすい所」から始めるのがよいというのが、私が財務省時代を通じて学んだことです。手の付けられない所、手の付けにくい所の大所高所の改革案は理想論や空論になることが圧倒的に多いからです。現実論から出発するのが実務家でもある官僚の特徴です。現実主義者なのです。そして「手の付けやすい所」から大胆かつ精緻な具体策を提示して始めなければ、改革そのものは失敗するということも私は学びました。

教育は国家百年の計と言われます。百年は長いとしても十年後、二十年後、三十年後、半世紀後の教育の在り方をデザインする必要はあります。それは世界の一流国にふさわしい経済と政治をデザインするのと同じです。大学教育が変われば高校教育が変わります。高校教育が変われば義務教育も変わらざるを得ません。そして、それは社会をも創り直していくことにつながります。

さらに教育をデザインすることは、個としての自らの人生を設計すること、自らの能力をデザインし高めることにつながります。教育や学習は生涯にわたって続きます。

本書を通じて一流国のポジションにとどまることを可能にし、それを保持していくのにふさわしい教育を一緒にデザインする仲間になっていただけないでしょうか。

教育には広汎かつ深遠な諸課題があります。「素人」の暴論は、それらの重要な点を看過していることはしっかり認識しています。しかし、これらの課題の重みに対する認識が、改革の議論の、そして改革の実行の足かせになっていたと思います。「素人」であることの強みを生かして皆さんが動いていただければ、それは合流した大きな流れになると思います。

一部の識者からは「放言」「妄言」「暴言」と言われるだろうことを十分に認識した上で、部外者の「素人」からの発言とさせていただきました。「こんなの無理だよ」「変だよ」「でもこんなことがあれば面白いかも」と言った話の種になれば嬉しいという気持ちでいます。「教育改革」の改革を通じて、私たちの私たちによる私たちのための教育を一緒に実現できればと思います。

（目次）

第一章　失われた教育

「失われた三十年」は一九九〇年代初めに起きたバブル経済崩壊がきっかけで始まりました。GDP（国内総生産）も一人当たりGDPも成長率は鈍化し低迷しました。「教育改革」がその間、繰り返し叫ばれました。

改革の成果は出たでしょうか。

▼深い影

「失われた三十年」は教育にも深い影を落とします。日本経済が沈んだように日本の教育も沈みました。暗記中心の詰め込み教育の限界がはっきりしました。そのため、スローガンの「教育改革」は「教育再生」の言葉にやがて置き換えられます。ウクライナとパレスチナに象徴される国際情勢、減速する中国経済、先行きの見えない家計所得と消費動向、少子高齢化と人手不足、AI・ロボット・IoTなどの新技術の進展とデジタルトランスフォーメーション（DX）そしてサステナブルな地球の維持など、私たちを取り巻く環境は激変しています。

「失われた四十年」とこの先呼ばれないために、日本の教育にできることは少なくないと私は考えています。

「失われた三十年」を招いた原因は何でしょうか。一つには逆説的に響きますが、日本の成功体験が挙げられます。アメリカの社会学者であるエズラ・Ｆ・ヴォーゲルの『ジャパン・アズ・ナンバーワン』が日本で刊行されたのは一九七九年でした。日本経済はＧＤＰの実質成長率が五・五％に達し、七三年のオイルショックと最後のインフレーションを乗り切って自信を深めていました。そのタイミングで『ジャパン・アズ・ナンバーワン』が出版されたわけです。瞬く間にベストセラーになりました。それからです。日本人は自信過剰になり、繁栄はいつまでも続くと過信しました。

「そこそこやれば結果が出る」

「そこそこ伸びていればいいじゃないか」

財界人も政治家も、経営者もサラリーパーソンも、教育者も学生も、多くの人がそう考えました。中には「アメリカに学ぶものはもはや一つもない」と豪語する人さえいました。そのツケが回ってきました。三十年間にも及ぶツケ払いはさすがにしんどいと思います。

バブル経済が崩壊した後でもなおこれまでの手法、進め方を本格的に見直すことなく、時が巡れば、また、このままのスタイルを維持すれば、再び復活するのではという楽観論も、自らを縛った気がします。

二十一世紀になり、日本人が得意とした「ものづくり」で世界を驚かせることがほとんどなくなりました。それまでは燃費がよくて故障の少ない自動車であったり、高性能な家庭用ゲーム機であったり、誰もが楽しめるロールプレイングゲームのソフトであったり、半導体であったり、医療機器の内視鏡やＭＲＩであったりと、世界をリードする日本のものづくりについて簡単に例を挙げることができました。

今は違います。

電気自動車から小型ジェット旅客機、コンピューターソフトウエア、アプリケーションソフトウエアに至るまで開発は後手に回っています。

成果なく

残念なのは二十一世紀の「ものづくり」で求められる①誰にとってもより便利である

という「利便性の高度化」②誰にとっても安全・安心なサービスを好きな時に廉価で受けられるという「安全・安心の付加」③地球にとっても誰にとっても優しく持続的であるという「環境の価値増加」――を満たす世界注目の成果が日本から出ていないことです。

いやそんなことはない。ノーベル賞の日本人受賞者は二〇〇〇年以降急増し、二十人もいますよと反論したくなると思います。

次のように私は反論したいと思います。

学問の世界でノーベル賞に代表される「飛び跳ねた実績」を残した人たちは、ずっと早くからグローバル化し、厳しい国際競争をくぐり抜けてきました。研究そのものもバブル経済が崩壊する以前から続けてきたものです。もちろん、基礎研究が中心ですから経済や社会の低迷により研究内容が影響されるほどやわな理論ではないと言えるでしょう。

▼バランスよく

私が心配するのは、基礎研究を軽視して応用研究ばかりに目を奪われることです。一九九〇年代以降、短い期間に力点を置いた成果主義が企業で隆盛となり、目に見える成果を性急に私たちは求めるようになりました。それは学問の世界にも及びました。景気の後退と相まって国立大学の運営費交付金が減る代わりに、研究資金獲得のために費やす時間が研究者に増えました。その結果、研究に充てる時間が削り取られている実態があります。研究は基礎と応用の相互作用によって進みます。どちらか一方を軽視したり重視したりするのは大きな間違いです。

「そこそこに伸びていればいい」「そこまでやらなくてもいいんじゃないの」と思い始めると伸びません。人間も組織も同じです。そこに働く心理はリスクを取りたくないということです。「飛び跳ねる」というのと対極の心理です。守りの心理と言っていいでしょう。

企業で言えば、ある程度伸びている人や組織、事業については、伸ばしてやったという実績と自負があるはずです。それは成功体験です。その成功体験を受け入れ、同じように続けて、本人も組織も今までこれでやってきたのだからこのままやればいいと思うようになるのが人情です。失敗がはっきりしていれば周りの人も非難し責任を問うことができます。そこそこに成功していると非難も批判もできません。そして、それなりに高まった所得水準は、伸びが止まったなという焦燥感はもたらしても、飢えるかもしれないという切迫感を抱かせません。落とし穴はそこにあると思います。その結果、何となく社会も組織も人も活気がなくなっています。教育現場も同じではないでしょうか。

「失われた三十年」を考えるとき、そこそこの失敗はあっても大きな失敗はない。逆にそこそこに成功したという成功体験は、本気で改革やイノベーションに取り組む意欲を奪ってしまいます。バブル経済が崩壊した時に三十歳だった人は現在、六十代です。経営のかじ取りをしているか、これからの余生をどう過ごそうかなどと考えている年代です。何となくやって何となく成果を出せて何となく現役を引退していく。そして悪い人生ではなかったと振り返る。こんな言い方をすると彼らに怒られるでしょう。でも、そういう人たちもいたというのが実態だと私は思います。

▼前例踏襲

企業も大学も、トップや上司、主任教授に目をかけられると人は昇進していきます。自分の言うことに素直に従う部下や研究者はかわいくなります。たとえ、彼らにわずかながらの業績しかなくても、手塩にかけたとの気持ちが上司らに強くなればなるほど、部下らの昇進スピードは上がります。そこにもう一つの落とし穴が待ち受けています。上司らと同じ思考の人材が再生されることです。主任教授の研究テーマを継承し同じ手法で追究する研究者が再生されることです。「あれをやっていればいいんだ」「一部について少し改善を加えればよいのだ」という空気が組織と研究室にはびこります。思考も行動も感覚もコピーした人間ばかりが目立ちます。バブル崩壊後、日本のものづくりで目立った成果が出せなくなった理由は、コピー人間を輩出する文化にあります。それには一部で崩れたとはいえ、年功序列と終身雇用制が影響しています。

改革やイノベーションの機運がそこに生まれるとは考えにくいのです。組織や大学にあった成長のポテンシャルや伸びしろはどんどん小さくなります。だからこそ改革やイノベーションをやってのける「飛び跳ねる人間」が必要とされます。

大学は改革やイノベーションに縁がないと指摘する声があります。活気のない社会の姿が大学に凝縮されているとの意見と結びついています。大学は社会の縮図です。社会に元気がない。企業に元気がない。職場に元気がない。サラリーパーソンに元気がない。大学に元気がない。教室に元気がない。教職員に元気がない。学生に元気がない……。元気があるのは会社の取締役会長と大学体育会部員と芸人と国会議員だけだという珍妙な現象が起きていないでしょうか。これは日本のガラパゴス化現象の一つと言えるかもしれません。

▼飛び跳ねる大学生

カラ元気ではなく本物の元気を取り戻すには「飛び跳ねる人間」を育てる文化を大学

につくり出す必要があります。これを義務教育中心の初等中等教育でやればいいというのでは駄目なのです。私たちは「上」を見て行動する癖が付いています。園児は児童を、児童は生徒を、生徒は学生を見ます。同様に小学校は中学校を仰ぎ、中学校は高校を仰ぎ、高校は大学を仰ぎます。低年齢化する受験の最終目標は大学受験です。最終目標の大学に変化が生じれば高校も中学校も小学校も変わらざるを得ません。教育改革がこれまで失敗してきたのは「下から進める改革」に頼り過ぎていました。敗戦直後の民主化の時期には「下から進める改革」は必要でも、「失われた三十年」が過ぎて成熟社会を迎えた現時点では「上から進める改革」しか選択肢はないと私は考えます。

それはそうなのです。小中学生が飛び跳ねて周りと違う言動や発想をしたら保護者も教師も目くじらを立てます。高校生だったらどうでしょうか。戒めたり諭したりします。大学生なら目をそらす程度で済んでしまいます。大学生だからこそ、飛び跳ねていいのです。

個人の生活でも日本では「出る杭は打たれる」と言われ、個性や才能を発揮することに抑制的な気配が濃厚です。これに対し、私の敬愛する先輩は「出過ぎた杭は打たれない」と喝破しています。

ここで少し矛盾が生じます。高校生が大学生になった途端に「飛び跳ねていいぞ」と言われても、できるものではありません。それまで抑えつけられてきたわけですから戸惑うばかりでしょう。それでも大学生が何割かでも飛び跳ねてくれればそれを見る児童や生徒には振る舞いの枠が少し緩み、選択の余地が増えます。ロールモデルになり得ます。飛び跳ねる準備をしないといけないと彼らが考えるようになったら、しめたものではないでしょうか。固まっていたものが溶けて動き始めるのです。元気の源泉を探り当てたことになるはずです。

財務省を退官した後、私は一時期、国立大学である一橋大学の教員を務めました。そのリーマン・ショックが起きる直前のごく短期間でしたが、とても楽しい経験でした。それでも驚いたり気づいたりしたことがあります。特に国際化が進んでいない実態を目の当たりにして驚きました。専攻科目の授業が英語で実施されているケースはほとんどありませんでした。一般的に学問の世界は最もグローバル化が進んでいないといけない分野です。主要な論文は英語で書かれ、国際学会は英語で議論が交わされます。日本語だけで論文を書き、国際学会で沈黙を守り通す研究者は認知されません。知的刺激を受けもしないし与えもしない人に、居場所は用意されません。

▼自信喪失のキャンパス

次に驚いたのは教員の給与体系でした。能力に合った水準になっていませんでした。これではやる気は出ないだろうなと思いました。四十歳の働き盛りの人が魅力を感じる水準というのはおのずと明らかです。大学ではどんなに手を伸ばしても逆立ちをしてもその水準には届きません。研究も教育も人次第です。有能な人材を内外から集めるためには大学に魅力がなければなりません。給与水準も研究環境と同様に、その一つです。このままでは有能な若手研究者は欧米の大学にごっそり引き抜かれてしまうと不安を覚えました。

大学はふたこと目にはお金がないと言います。給与も研究費も頭打ちで、にっちもさっちもいかないと言います。これを打開するために、選択と集中により教職員の数を絞り、浮いた人件費を給与に還元していましたか？　研究費を傾斜配分して資金を有効活用していましたか？　そう問われれば、「うーん、できてはいませんね」と言わなければならない状況でした。

キャンパスで最も目についたのが自信喪失でした。教職員ばかりでなく、学生も含めて大学全体が自信を喪失していました。活気が感じられないことが一目瞭然でした。

日本社会に求められているのは世界をアッと言わせるイノベーションです。ビッグ・テック（ＧＡＦＡＭ）の存在を脅かすＩＴ（情報技術）企業や新素材企業の出現、若き起業家の輩出がそれに価するでしょうか。

イノベーションは正比例のような「線形」で成長する局面では生じません。コツコツと積み上げていけばある日突然、突拍子もない成長が始まるということは決してないのです。学習との関係で言えば、イノベーションは暗記を重視する知識習得型学習から生成するというよりは、ひらめきを重視する課題解決型学習から派生するということになるでしょう。ビッグ・テックの創業者も所属する研究者も、個性的で発想がユニークです。彼らは新しい価値の創造を誰よりも楽しんでいることで知られています。

これは実は新しい話ではありません。トーマス・エジソンは、児童の頃には、手の付けられないほど好奇心過剰な子供で授業妨害をしていたと言われています。

イノベーションは「非線形」なのです。成長の中でも「飛び跳ねる」局面です。だから「飛び跳ねる」行動や発想が必要になってきます。

▼守り

イノベーションと対極にあるのが守りです。「ここまで来られたんだからここから先もこれでいけるよね」という慣例や伝統に縛られる態度が守りです。そこに改革への意欲はありません。シュンペーター（1883〜1950）という経済学者がいました。彼はイノベーションを経済発展の原動力と考えました。彼に従えば、イノベーションが起こらなければ経済発展は頭打ちとなり経済は停滞します。活力が消えた日本はその状況にあるといえます。資本主義は生き延びることができないと不穏なことをシュンペーターは言っています。日本社会はその意味をかみしめる必要があります。

二〇二三年十月にＩＭＦ（国際通貨基金）が発表したデータによれば、日本の一人当たりＧＤＰ（国内総生産）は世界三十四位で、ＧＤＰはドイツに抜かれ四位に後退しました。これまでアジアの最先進国と自負してきた日本の一人当たりＧＤＰはアジアにおいて既に三位に転落し、近々五位にまで落ちかねないという事実は直視する必要があります。

日本社会に活力を復活させるには「線形」の学習と「非線形」の学習を上手に組み合わせることが大切だと私は考えます。初等教育、中等教育、高等教育と順を追ってみていきましょう。

小学校・中学校は答えが一つしかない問題を出して、教師がこれの解き方を教えればいいと思います。児童・生徒はそれを理解して覚えるだけです。高校生になるとそうはいきません。それまでの「線形」の世界を脱して「非線形」をしっかりと意識しなければなりません。「暗記中心の学習」から「考える学習」を始めなければなりません。答えが一つとは限らない問題について、他にも答えがあるかもしれないと教師が導いたり助言したりしないといけないのです。教師と生徒が選択肢は別にあると、問題を共に考える「共学」の姿勢が高校生では大切になってきます。

▼勉強の目的

そもそも勉強はなぜしなければならないのでしょうか。

答えは簡単です。

ものを読んだり他人と話したりした際にそれらの内容を正確に理解するためです。併せて、自分の考えを他人に正確に伝えて理解してもらうためです。

いずれも社会で生きるための基礎力です。

小学生の段階からディベート（討論）をクラスでさせるべきだと私は提唱してきました。もちろん英語ではありません。日本語で、あるテーマを設定して賛成派と反対派にクラスを分けて討論してもらいます。ジャッジは教師がします。勝ち負けの決着をつけるのが目的ではなく、論理的な考え方を身に付けさせるのが目的です。ディベートを通じて、弁証法的な思考と対話に慣れてもらうということです。できれば週に一回、四十五分間。テーマは環境でもハンディキャップでもいじめでもお小遣いでも構いません。できれば時事的なトピックを設定してあげるのがいいでしょう。小学生ですから宗教など特定のテーマを除けば、信念に基づいて持論のみを展開したがるケースはほとんどないはずです。

賛成派の立場からきちんと論理立てて意見を言うと、反対派は納得はしないまでもきっと理解するでしょう。反対派は、あの話を引用してああ言えば賛成派は反対できなくなるだろうと考えて論陣を張るという具合にゲーム感覚で進めるわけです。教師は両者のやりとりで欠けている視点を必ず指摘してあげます。ディベートで論点や争点がそれなりにはっきりしてくると、やりとりの幅が狭くなり重要な視点が見落とされることが必ず出てきます。焦点化の弊害です。そこで初めてジャッジ役の教師の出番となります。教育的配慮に注意しながら論点の相対化と視点の多角化を促してあげるわけです。

変な意見や常識外れの考えがディベートで出てきても、将来「飛び跳ねる」ための助走だと受け止めていただきたいと思います。次のディベートや学習に生かされるように、褒めたり励ましたりする姿勢が教師には欠かせません。

▼正解のない問題

大学で勉強する目的は、実社会で必要とされる高度な基礎力を磨くためです。高校まては解答のある問題を解くことに注力しました。中学では答えが一つの問題が普通だったのに対し、高校では答えが複数ある問題が出てきました。社会では答えが複数ある問題もあれば答えがない問題もあります。どちらかと言えば、正解のない問題ばかりではないでしょうか。だから大学では正解のない問題を解くための準備を進めなければならないのです。そして、実社会では他から投げかけられた問題を解くだけではなく、問題発掘自体を自ら行わなければいけないという自覚も持つ必要があります。

私はアメリカの大学院で数理経済学を専攻しました。その分野で先駆的な研究をした森嶋通夫氏（1923～2004）がイギリスにおける高等教育機関の勉強について触れ「学問とは方法を学ぶことであって、知識を集めることではない」（『イギリスと日本』）と言っています。「ひとたび学問の仕方を会得したならば、あとは一生かかって自分で知識を増やし深めて行くことができます」（同）と補足しています。

これで分かったと思います。大学は考える「方法」を学ぶところなのです。この指摘は、百科事典をいわば内包したモバイル通信機器を私たちが常時携帯している現状では、特に当てはまります。そのうち、是非は別として、人体にチップを埋めるという議論も出てくるでしょう。大学は答えのない問題を解くための「方法」を四年間で身に付ける場所なのです。さらに言うと、潜在化していて誰も気づかない問題を見つけたり、自ら問題をつくり出したりする「方法」を習得する場所でもあるのです。

▼リベラルアーツ

ここで誤解してほしくないことがあります。「方法を学ぶ」と言っても、技術やテクニックだけを身に付ければいいというわけではありません。大学はリベラルアーツ（Liberal Arts）が基本であると私は考えています。

森嶋氏と同じ数理経済学者だった宇沢弘文氏（1928～2014）はリベラルアーツの大学について「こまかな専門分野の枠組みにとらわれないで、また政治、宗教の束縛から自由な立場に立って、あくまでも真理を追求し、一人一人の学生の全人格的完成を可能にすることを目的とした大学を意味します」（『日本の教育を考える』）と述べています。

森嶋氏も宇沢氏もノーベル経済学賞の受賞が取りざたされたほどの碩学でした。二人には共通している問題意識がありました。日本の教育の荒廃についてです。特に平準化と大衆化が進む日本の大学の衰退です。

宇沢氏はリベラルアーツの大学についてさらに述べます。

「十代の終わりから二十代の初めにかけての多感な若者たちが、学問研究を契機として、また教師や他の学生との接触を通じて、社会的に有為な人間として成長することができるような場を提供しようというものです」（同）

「大学の四年間はあくまでも、専門分野にとらわれないで、これまでの長い人類の歴史を通じて蓄積されてきた学問的知識、科学的技術、芸術的感覚をひろく学ぶとともに、できるだけ数多くの教師、友人と親しく交わることによって、人間的成長をはかることに主点をおいた方がよいように思われます」（同）

リベラルアーツで間口を大きく広げてさまざまなことを学ぶ中でまったく縁がないと思っていたものが結びつくという状況に出合うことができると思います。遠い関係にあるものの間に共通点、相反点を見いだすことの楽しさがイノベーションを促進します。

実は森嶋氏も同じようなことを言っています。

「教育の実が最もあがるのは一〇歳台の後半であり、それは教室での正規の教育によるよりも、友人との相互の刺激を通じてだということである。その年頃の青少年教育の目的は、彼らの素質を全開させることであり、彼ら自身が興味を持つ問題に集中させることである」（『なぜ日本は没落するか』）

▼頭の無駄遣い

私もそう思います。そこで高校入学から大学卒業までの七年間をどう過ごすのかが課題になります。暗記力だけを試すクイズみたいな問題に七年もの時間をかけるのは、頭の無駄遣いで、誰が考えてもばかばかしく思います。それでも頭の無駄遣いは世の中からなくなりません。本当に困ったことです。経済学の視点で考えると、無駄遣いの需要があるから無駄遣いの供給があるのでしょう。それらの無駄遣いによって得をしている人が大勢いるのだと思います。だからこそそれらに抵抗し続けることに価値があります。
そこで基礎学力がまたまた試されます。国語と数学と英語です。

国家が衰退するとき、二つの道があります。一つは経済回復をあきらめて衰弱死していく道。もう一つは経済回復のために手を打ち、新しい何かを自分たちでつくり出していく道。

後者の例にアイスランドが挙げられます。世界経済の低迷によりアイスランドは、二〇〇二年の実質GDPの成長率がマイナス二・一％に落ち込みました。それに対しアルミ精錬所や水力発電所、地熱発電所の建設など大規模投資計画が相次ぎ、〇三年には早くも四・二％とプラスに転じ、〇四年は五・二％に達しました。アイスランドのV字回復はある種の「飛び跳ねた」結果だと私は理解しています。「飛び跳ねた」後の始末で苦労したことがないとは言いませんが、「飛び跳ね」ないままにズルズルと沈むよりはよいのではないでしょうか。

第二章　新奇歓迎を拒んだツケ

エズラ・F・ヴォーゲルの『ジャパン・アズ・ナンバーワン』が一九七九年に日本で刊行された時、「おだてるにもほどがある」「真意は何なのか」という声はほとんどありませんでした。ヴォーゲルにはもちろん悪意はなかったはずですが、彼の主張「ジャパン・アズ・ナンバーワン」に乗り、鼻を高くしたりはしゃいだりした日本人が多くいました。

「アメリカに学ぶものはもはや一つもない」という声はそこから出てきました。それが成功体験の過大評価としがみつきにつながったわけです。成功体験を捨て去ってもいい。成功は早く忘れよう。未来へ大きく踏み出そう。そういうことにはなりませんでした。成功体験の継承です。マイナスの継承と言っていいでしょう。それが大きな禍根を残すことになりました。

▼繁栄は没落の始まり

教育界も同じでした。いや待てよ。一時の繁栄は没落の始まりにすぎない。歴史はそれを教えてくれている。そういった視点から「ジャパン・アズ・ナンバーワン」をとらえようとする動きは教育界にもありませんでした。高等教育機関から中等教育機関まで「ジャパン・アズ・ナンバーワン」に乗り、マイナスの継承をむしろ促したと言えます。活力の足を引っ張ったという点は、不作為の罪よりも重いかもしれません。

子どもたちに刺激を与えるのは教育の役目です。特に高校生や大学生は刺激を求めています。もっと正確に言うと、彼らは刺激を求めているはずです。感覚的刺激のこともあるし知的刺激のこともあります。教師や保護者が成功体験に縛られていては、子どもたちに広い刺激を与えられません。子どもたちに対する教育の影響力は教師七割、保護者三割が占めるといったところでしょうか。バブル経済が崩壊した後、教育全体の力は弱まり、家庭教育の力も衰えました。家庭の温かさやお茶の間をテーマにしたテレビの「ホームドラマ」は一九七〇年代が人気のピークでした。八〇年代にバブル経済が進むと、都会の若者の恋愛と流行を扱う「トレンディドラマ」にとって代わられました。お茶の間は消え、おやじもおふくろもテレビからいなくなってしまいました。それまでの家庭のかたちが消えてしまいました。

▼刺激を誰が与えるのか

子どもたちが「飛び跳ねる」ための条件は狭まっていきます。教師も駄目だし保護者も駄目。学校教育も駄目だし家庭教育も駄目。そうなると、子どもたちに刺激を与える大人はほとんど残っていないということになります。

少し絶望的に聞こえないでしょうか。

希望はあります。IT（情報技術）革命が起きたからです。

IT革命はバブル経済の崩壊直後という絶妙のタイミングで起きました。インターネット上には感覚的刺激をもたらす情報も、知的好奇心をくすぐる情報もごちゃ混ぜになってあふれました。教師や保護者の力ではないとしても、子どもたちが「飛び跳ねる」ための入力を確保する条件は最低限整ったわけです。インターネットによって怪しげな刺激に溺れてしまうことも懸念されますが、一方で今まで考えもつかなかったようなアイデアのヒントを得られるというチャンスが増えました。

教育を中心に子どもたちがつながっていく仕組みを日本人が築き上げられればよかったと思います。実際はそのようにはなりませんでした。コミュニケーションに必要なネットワーク構築と拡大はアメリカ先導で進みました。ＩＣＴ（情報通信技術）教育はその一例です。

▼半導体産業の衰退

ハード面の話をしましょう。ＩＣＴの分野に半導体は欠かせません。国際的シェアがとても高かった日本の半導体をめぐり、アメリカとの間で生じた貿易摩擦を解決するために日米半導体協定が一九八六年に結ばれました。それから約十年間、日本は半導体の主要生産国に名を連ねていました。

一九九〇年代後半から日本の半導体は衰退の道を歩み始めます。経済産業省によれば、世界の半導体産業における日本のシェアはバブル経済崩壊前の八八年に五〇・三％であったにもかかわらず、二〇一九年には一〇・〇％まで落ち込みました。トップの座を築いただけにかえってイノベーションを起こすことができず、一九九〇年代半ばに発生した半導体メモリーの価格暴落が追い打ちをかけた格好です。「産業のコメ」と呼ばれた半導体産業の落日は、ものづくりで自信を深めていた日本に大きな衝撃を与えました。『ジャパン・アズ・ナンバーワン』が出版された一九七九年から、まだ二十年もたっていない時期でした。

朗報もあります。世界半導体市場統計（ＷＳＴＳ）日本評議会によれば、日本の半導体出荷額は二〇二一年に前年比二三・四％増の約四兆八〇三八億円を記録しました。前年比プラスに転じたのは三年ぶりでした。

世界をリードする高付加価値の製品を半導体産業で生み出すことができれば、潮目は変わっていたはずです。イノベーションを起こす力が足りなかったのです。

▼ソフトも劣勢

ハード面に続いてソフト面でも同じです。イノベーションは起きたでしょうか。ピンチはチャンスのはずです。アメリカ先導のＩＴ革命に日本ならではのインパクトを与える必要がありました。実際は違いました。本当はＩＣＴ教育の分野でもソフト開発やネットワーク構築・連携にどんどん挑戦するべきでした。日本で本腰を入れ始めたのは、新型コロナウイルスの感染拡大により緊急事態宣言が発令された二〇二〇年四月以降のことです。特に大学では対面授業ができなくなったり縮小を余儀なくされたりして、オンラインの遠隔授業と対面授業を安全に効率よく分ける方式、場合によってはそれを組み合わせたハイブリッド授業の方式が実施されました。

ではなぜ、ＩＣＴ教育の整備が大学で遅れたのでしょうか。

これも成功体験が深く影響しています。

それまで実施されてきた対面授業やマスプロ教育で大きな問題はなく、授業をそこそこに進められてきたからです。あえてリスクを冒して新しい試みに挑戦する必要はなく、失敗したら責任を誰がどう取るのかという考えがありました。革新的であるべきはずの大学がそれほどまでに保守化していたわけです。

また、人口構造の変化により、入学者の数の伸び悩みが明らかになっている中で、相応のコスト増を前提とする投資に二の足を踏んだのも事実でしょう。

▼教職員の力不足

教職員のインターネットリテラシーが低い点を挙げることもできます。これはＩＴへの関心が低いことが影響します。「新奇歓迎」の精神が枯渇しているからでしょう。インターネットを通じて収集されたり公表されたりする情報を正しく理解し、それを適切に判断し自分のものとして活用する能力が十分ではありません。これはその後のＡＩリテラシーにもつながっていきます。

要するに他人事なのです。自分だけが楽をしたいという考えです。ですから後手に回るのは当然です。

面白い数字があります。スイスに拠点を置く国際経営開発研究所（International Institute for Management Development）が発表する世界デジタル競争力ランキングです。これは国際指標の一つになっています。それによれば、日本は二〇二三年に三十二位となりました。前年の二二年は二十九位、一九年は二十三位で毎年順位を下げています。

デジタル技術の開発・活用を通じて政策、ビジネスモデル、社会全般に変革をもたらす影響の程度を国ごとに分析し、点数化しています。その要因を「知識」「技術」「将来への備え」の三つに分類して算出しているのが特徴です。六十四の国と地域が対象です。ちょうど真ん中です。可もなく不可もなしです。

それでも二三年に韓国六位、台湾九位、香港十位、中国十九位と聞いたら心穏やかにいられなくなるのではないでしょうか。

▼弱みを知る手段

ランキングや格付けは学校の偏差値と同じで、私は好きではありません。偏差値が高ければ優越感に浸り低ければ劣等感にさいなまれるというメンタリティとは一日も早く私たちは卒業しなければなりません。

世界デジタル競争力ランキングについては模擬試験と同じように、自分の強みと弱みを知るための手段だと考えるべきです。英語のどこがどのように弱いのか、数学のどこがどのように強いのかを理解し、これからの勉強の進め方と次の模試に反映させられるように考えるのです。強みはさらに強くし、弱みは克服します。そう考えれば、ランキングや格付けに一喜一憂することはなくなります。

日本は六十四位中、三十二位です。それが現実です。私たちはそこから始めなければなりません。

ハード面で言えば、日本人はルールや仕様の決まった製品を作り、かつ最小化するのは得意でした。他方で、世界で通用するルールや仕様をつくるのは苦手になっていました。バブル崩壊後は顕著です。ソフト面で言えば、人々の生活を豊かにするソフトウエアの研究や、誰もが簡単に楽しく使いこなせるアプリケーションの開発はなかなか実を結びませんでした。ですから日本が世界へ提案できる新しいライフスタイルや生き方も出てきません。「伝統と革新が息づく日本」と海外で思われていながら、胸を張れるのはアニメと漫画だけということになってしまったのは皆さんもご存じの通りです。

求められる哲学

挑発的な発言をしましょう。

大切なのは哲学です。そうです。哲学なのです。

哲学があったなら世界の人々をもっと幸せにする技術や製品、サービスを生みだすことができます。どんなイノベーションもハードの技術とソフトの技術を組み合わせなければなりません。そのためには哲学が必要です。私たちを取り巻く世界をどうとらえ、どう見ているかが試されます。そしてイノベーションは一人の力では成し遂げられません。他人の協力が必要です。事業化できなければ、人々に製品やサービスを送り届けることができないからです。もちろん事業の大小は問いません。事業化されて初めて製品やサービスが世界の隅々まで送り届けられることになるのです。

経済学者のシュンペーターは、異なる知識の融合によって、イノベーションが起こる可能性が高いと言っています。一つの知識からはイノベーションは生まれにくいということです。固定観念はイノベーションの障壁です。

少し詳しく言いますと、経済活動においてすでに存在しているものに対して、「新しい結合」によってまったく別の新しいものを生み出すことが、シュンペーターの考えるイノベーションです。彼は別次元の新しいものを生み出すための条件に「五つの新結合」を挙げています。それは①新しい財貨（製品）②新しい生産方式③新しい販路④原料や半製品の新しい供給源⑤新しい組織――です。商品、生産、流通、原料、組織の各分野で「新結合」による斬新さと新奇が求められるわけです。そこではステレオタイプの人は歓迎されません。「新奇歓迎」を私が繰り返し主張してきた理由です。

▼新奇歓迎の学問

リベラルアーツは新奇歓迎を促します。たこつぼ型の考え方や行動の対局にあるのがリベラルアーツだからです。後で詳述するように、日本の大学で進められてきた文理分断とイノベーションは相いれません。理科系と文科系をはっきり分けることにより、関心の幅は狭まります。世界の人々を幸せにする技術や製品、サービスは文理分断されているわけではありません。むしろ文理融合の世界です。

　模倣の世界は保守的で新奇歓迎を嫌います。その反対に、新しい世界というのは、これまでの世界を疑うところから始まります。既存の生活や仕組みをひっくり返すことからスタートします。新奇歓迎の視点が必要です。それらを促す教育を日本の高校や大学が取り組んできただろうかという疑問が生まれます。

　それは奇をてらうということではありません。基本の基である基礎教育があってこそ新しい世界観に迫ることができます。伸ばせるか伸ばせないかは別にして、最低限これだけは習得しなければならないというのがあります。

　先に触れたように、物を読んで何が書いてあるかを理解できなければなりません。次に自分の思っていることを他人に分からせるというのがあります。他人が分かるように要約する。まとめて話す。まとめて文章にするということです。〈読む・話す〉については、学校教育で実践するのが一番です。インターネット上で見る論理構成の乱れている文章や雑な表現は身に付ける必要はありません。歪んでいる表現をまねる必要はないのです。まねるなら志賀直哉が私たちにはいます。分かりやすく簡素で写実的な文体はまねするのに十分値します。

もちろん日本語は柔軟です。時には優柔不断に論理を飛ばして語られます。そうしたひずみを何百年も抱えながら日本語は続いてきたわけです。私たちは千年前と同じ日本語をしゃべっているわけではありません。若い人たちが使っている日本語はとにかく短い。「分かった。了解した」が「り」の一文字になっている時代です。極端に省力化され、分かっていないのにもかかわらず何だか分かったつもりになっているように見受けられます。その言葉を知らない人にはまったく分かりません。はたから見ると、合言葉というより暗号です。インターネットによって日本語の省力化が加速し、言葉の代わりに絵文字やスタンプで喜怒哀楽から簡単な情報のやりとりまで行われています。

言葉の軽視は論理の軽視と直結します。

ＩＴ革命は希望だったと私は言いました。それでもインターネットの影響で日本語の省力化が幼稚化と相まって進んでいることに一抹の不安を覚えます。このように、ＩＴ革命にも光と影があることは理解しておかなければいけないと思います。

第三章　教育は希望

学習の基本は小中学校の九年間で終えておく必要があります。それは日本語で行われていいのです。毎日話している言葉で〈読む・話す〉または〈読む・伝える〉の基本を習得するのが先決です。英語はそれからです。英語の学習をあまり早くから導入すると混乱します。日本語と英語で論理構成や語順、考え方が違うためです。発音も平坦な日本語に対し、英語は抑揚があります。やり過ぎにならないことが大切です。グッドモーニングとかハローとかいう授業のレベルは一向に構わないと思いますが。

▼基礎教育の力点

基礎教育では何に力点を置き、何を除外するのかはとても大切です。標準授業時数が決められているため、裁量の範囲も絞られます。時代によって力点は変わり、以前よりも〈話す〉ことが重視されました。子どもの成長にあった基礎教育は、子どもの成長の度合いが違うこともあって難しい面があります。少人数学級にすれば問題の多くは解決するという主張が声高にされます。ただ、少人数学級もいい面と悪い面があります。義務教育の場合は特にコストと収益の関係を見る必要もあるでしょう。児童・生徒の人数がある程度多くても、子どもたち同士で教え合う仕組みを導入することで習熟度は違ってくるのではないでしょうか。現在は、受験する組と受験しない組、できる子とできない子が一つの教室で分断されている状況があります。多様性と言いながら、教師は学級運営で頭を抱えています。学習指導要領に書かれたことに従って、平均的な真ん中の授業を進めざるを得ないわけです。どこを切っても金太郎の飴のような画一化・平準化された授業から「飛び跳ねる」人間が生まれてくるとは私にはどうしても思えないのです。

学級担任制にも問題があります。公立小中学校は一クラスに一人の学級担任を置くことになっています。これまでのやり方では、小学校ではほぼすべての教科を学級担任が教えます。学級担任の世界観や人生観が授業にどうしても反映されます。特に国語や社会、算数、体育です。大学を出てすぐに教師になった人は人生経験の幅が狭いと言わざるを得ません。学校以外の実社会を知らないのですから当然です。異業種の人たちとの接点が少ない実態があります。若い教師が頑張っているのを否定するつもりはありません。むしろ私は評価してきました。とはいえ、経験は多角的視点や多元的な思考を得る契機となります。「飛び跳ねる」児童や将来「飛び跳ねる」ことになりそうな子どもを受容するだけの人生経験を担任教師が持っていれば問題はありません。持っていなければ、複数の教師でカバーし合い、チームとして受容の幅を広げるのがいいのではないでしょうか。

「飛び跳ねる」と言っても、注意欠陥多動性障害（ＡＤＨＤ）のある児童のことではありませんので誤解しないでください。ＡＤＨＤの子どもの指導・支援については専門性が求められます。

幸いなことに、二〇二二年度から小学校の高学年で「学級担任制」を補う「教科担任制」が本格的に始まりました。専門の教科担任が教科ごとに授業を受け持ち、五・六年生の英語、理科、算数、体育の四教科を中心に教えています。

「教科担任制」を進めようとする文部科学省のそもそもの狙いは、教師の長時間労働是正と働き方改革推進のためだとされます。教科担任が一部の教科をカバーすることで学級担任の負担が減り、増えた空き時間を授業準備などに充てられるというわけです。教育現場の働き方改革はもちろん優先課題の一つです。もう一つの優先課題として「子どもの可能性を広げる教育の質」という視点から「教科担任制」の在り方を考えてほしいと思うのは私だけではないはずです。

▼教育水準と国民

「この程度の国民なら、この程度の政治ですよ」

こう言ったのは法務大臣の秦野章氏でした。警視総監の後、政界入りして第一次中曽根内閣（一九八二〜八三年）で法務大臣を務めた元参議院議員です。秦野氏の論法を踏まえるなら「この程度の国民なら、この程度の教育ですよ」となります。私はこれらの主張に与《くみ》しません。どんな状況でも希望は大切です。ニヒリズムは無気力を生み出します。政治も行政も教育もむしばみます。そして個人をむしばみます。負のスパイラルが始まり、社会は退廃します。

希望の一つは教育です。そこから「飛び跳ねる」人や「飛び跳ねる」事象が現れると考えるだけで嬉しくなります。

「飛び跳ねる」事象について振り返ると、時代の大きな節目があります。第二次世界大戦の敗戦（一九四五年）がまず一つ。次に朝鮮戦争（五〇～五三年）と、サンフランシスコ平和条約が結ばれ日本が主権国家として独立を回復（五二年条約発効）した節目がありますす。悪者だとして封じ込められていた日本が国際社会に復帰したことは本当に大きなことでした。それは今の日本の繁栄につながっています。

さらにもう一つの節目に高度経済成長（一九五五～七三年）が挙げられます。五六年の経済白書は「もはや戦後ではない」と宣言しました。復興需要に支えられた経済からの離脱です。

アメリカは発明はするものの、発明それ自体を産業化するのは苦手だと日本の財界人は陰口を言い続けました。発明を機械化して生産ラインにのせるのは日本のお家芸。ものづくりの精神は明治維新の前から息づいているとも言いました。確かに日本経済は大量生産・大量消費の産業構造にうまく合いました。一九七三年の第一次オイルショック、七九年の第二次オイルショックでつまずきました。それでも省エネにより苦境を乗り越えました。「ジャパン・アズ・ナンバーワン」（七九年）が刊行された時期です。

そこから出てきた言葉が「経済は一流、政治は三流」です。

▼一流と三流のはざま

ジャーナリストで政治学者の内田健三氏が月刊誌『中央公論』に「『経済一流、政治三流』論の虚実」と題する小論を書いたのは、一九八九年のバブル経済崩壊直前のことでした。財界にとっては、何とも皮肉な結果となりました。

それでは教育は何流だったのでしょうか。経済と同じ一流？　それとも政治と同じ三流？　はたまた経済と政治の間に収まる二流だったのでしょうか。

一流、二流をめぐる評価の議論に欠けているのは第三者評価です。当事者を外した公正で中立な第三者機関による専門的かつ客観的な評価がこうした議論の前提になります。「経済は一流、政治は三流」の言葉が財界やその周辺から出てきたのであれば、ためにする議論だと無視するか、割り引いて考えなければなりません。はじめからそうするべきでした。ですから財界や経営者の多くは「経済は一流」の言葉に酔いしれて鈍感になり、変化の兆しをつかむのを忘れてしまったのです。

私たちが直面している「失われた三十年」の景気低迷は、政治に経済が引っ張られて起きたわけではないことは指摘しておかなければなりません。それと同時に「教育改革」が失敗続きだったことも、政治と経済に引きずられて起きたわけではありません。ではそもそもの元凶は何なのでしょう。

▼鈍感力

政治と経済と教育のもたれ合いが元凶だと言えると思います。三者に共通しているのは鈍感力です。刺激を感じない鈍麻力です。鈍感力や鈍麻力をもってしてもバブル経済の崩壊の痛みはしのぐことができませんでした。

二度にわたるオイルショックを克服した後に訪れたバブル経済により、政治、経済、教育の三つをゼロから立て直す機会を失ってしまいました。鈍感力に磨きがかかったわけです。本当は一九七〇年代に第三者評価にさらされるべきでした。「強さは弱さである」「弱みは強みになる」との第三者機関による専門的かつ客観的な評価を突き付けられれば、変わっていたかもしれません。

これについては楽観的過ぎるのではないかとの批判が寄せられそうです。というのもユリウス・カエサルが言ったように「人は見たいものしか見ない」という特性があるからです。政治家も経営者も教育者も、この特性の傾向から逃れることはできません。心理学の用語である「確証バイアス」のことです。自分の先入観や意見を肯定するためそれを支持する情報だけを集め、反対・反証する情報を無視する心理作用のことです。認知バイアスの一つとして知られています。確証バイアスの存在を妄信すれば、鈍感力に効く薬はありません。誰もが黄金色に輝く一九八〇年代を思い出し、成功体験にとらわれてしまいます。

抜け道はないのです。絶望したでしょうか。

絶望は希望の始まりです。実は日本人には独自のバランス感覚があります。少数意見に耳を傾けるという特性です。寄らば大樹の陰と考える一方で、判官贔屓《ほうがんびいき》を大切にします。柔よく剛を制すということを信じます。力だけに頼らず徳をも重んじます。こうしたバランス感覚を失わないようにする役割が教育にはあります。反対意見や少数意見を尊重する教育は、「飛び跳ねる」人たちを受容する多文化共生とＳＤＧｓ（持続可能な開発目標）の精神をはぐくみます。

「飛び跳ねる」事象を細かく点検していくと違った景色が見えてきます。

▼痛みから飛躍へ

石炭から石油への一次エネルギーの構造転換は朝鮮戦争の休戦が伏線になっています。戦争特需が消えたことにより、鉄鋼需要は減り高価格の国内燃料炭への値下げ圧力が加わりました。併せて、脱石炭のエネルギー革命が起き、一九六二年に原油の輸入が日本で自由化されます。石炭産業は労使間紛争により大規模なストライキが頻発していました。有名なのは五九年から六〇年にかけて福岡県大牟田市の三井三池炭鉱であった労働争議です。戦後最大の労働争議とされ、千二百人余りの解雇をめぐり経営側のロックアウトに対し、労働者側は無期限ストライキで応酬しました。中央労働委員会のあっせんで約三百日にわたる争議は終結したものの、石炭産業は斜陽化していきます。

労働者の解雇は痛みを伴います。産業の構造転換はその痛みを極めて大きくします。国の政策や旧通商産業省（現経済産業省）の判断で「こちらの産業はやめる」「あちらの産業は伸ばす」となるわけですから、排除の対象となった産業は諦めるしかありません。これは外部から「飛び跳ねる」ことを産業も人も求められる状況です。

一九五〇年代以降からクローズアップされるのがものづくりです。中でも「三種の神器」と呼ばれた冷蔵庫、洗濯機、白黒テレビはその象徴でした。高度経済成長をけん引し、六〇年代のいざなぎ景気にはカラーテレビ、クーラー、自動車（カー）の「３Ｃ」がものづくりに新しく加わりました、七〇年代前半には冷蔵庫や洗濯機などの「白物家電」の普及率が九割を超えました。家電業界に陰りが見え始めたのは九〇年代前半です。国内生産は九一年の七兆二〇〇〇億円がピークでした。二〇〇一年には四兆円を割り込みました。先に説明したようにＩＴ革命が起きます。一九九〇年代以降のことです。家電メーカーも「飛び跳ねる」ことを余儀なくされたわけです。

▼チャンスを生かすために

リーマン・ショック（世界金融危機 Global Financial Crisis）は衝撃でした。世界的な金融不安が金融危機へと発展し、世界同時不況に陥ったからです。日本経済は急速に悪化しました。二〇〇八年九月十五日に起きたアメリカの投資銀行リーマン・ブラザーズの経営破綻がきっかけです。巨大金融機関への救済措置がアメリカで取られなかったことにより市場に不安が広がり、企業にお金が出回らなくなりました。信用収縮です。生産活動の低下と貿易の減少を招き、実体経済を低迷させることになりました。外需が減少したことから日本のＧＤＰの減少は主要先進国の中で最大になりました。

ピンチはチャンスです。産業構造の転機です。新型コロナウイルス感染拡大のパンデミックと同様、特大級のピンチです。それでもリーマン・ショックを特大級のチャンスにすることを日本はできませんでした。

目先のことにとらわれていると好機を逃します。大局を見る視点が必要です。それは固定観念に縛られずに複眼的に観察することです。自分自身で相対化できることです。大学の専攻で言うと、理系や文系の区分にがんじがらめにならないということです。文理横断や文理超越の姿勢で、それはリベラルアーツの目標と一致します。

新型コロナウイルスのパンデミックをめぐり、日本の製薬会社がワクチン開発で出遅れたと感じたのは私だけではないと思います。日本のワクチン接種も遅れました。二〇二一年二月半ばから、接種を希望する医療従事者、新型コロナ感染症が重症化しやすい六十五歳以上の高齢者、基礎疾患のある人たちを対象に、順番にワクチンの接種が始まりました。ワクチンはアメリカのファイザーとモデルナの二社、イギリスのアストラゼネカ社から調達しました。二〇年十二月に接種が始まったイギリスから大きく遅れをとりました。

政府も製薬会社も有事の備えを怠ったのが原因です。次に何か起きた時にどうするかという対応策を準備していなかったのです。「安全安心」は掛け声だけでした。製薬会社には稼げる分野の製品に投資を集中して稼ごうという方針が、長年あったのではないでしょうか。ものづくりにおいては、日本がどんなに劣勢に立たされても、世界では上から何番目というふうに上位グループに必ず名を連ねていました。新型コロナウイルスのワクチンについては上位から抜け落ちてしまいました。悲しいことに番外でした。

▼リスクを取る

新薬開発の成功率は千三《せんみ》つと言われてきました。一〇〇〇分の三、つまり〇・三パーセントです。一〇〇〇回トライして三回ぐらいしか成功しないということです。創薬事業が大変なことは分かります。失敗がもったいないからと言って、トライを五〇〇回に減らすと成功は一・五回になるでしょうか。そうはならないところが難しいのです。五〇〇回はゼロになる恐れがあります。目先の利益だけを追うとそういうことになりかねません。最近は、万三《まんみ》つとも言われています。そうすると成功率は〇・〇三％に下がってしまいます。

知的財産高等裁判所で争われた特許権侵害行為をめぐる控訴事件では、新薬開発の実態について「一つの新薬の開発には9年～17年　費用として500億円～1000億円を要するといわれ、また、新薬開発の成功率は約1／25000＝0・004％であるとされている」「新薬の開発を行う者は、このような極めて高いリスクを負いながら多額の先行投資を行っているのであり、製薬産業の発達のためには、これら新薬開発者の先行投資回収の機会を確保することが極めて重要である」（原文ママ）と二〇二一年二月の判決で触れています。

忘れてはならないのは創薬の環境は海外も同じである点です。感染症のワクチン開発は「安全保障」と「外交」の観点から進めるべきであるとの意識が日本に不足していたとの厳しい指摘があります。政治主導による国のリスク管理を怠ったツケは、国民の新型コロナ感染死というかたちで現れたわけです。

森嶋氏は言っていました。
「政治家の質が悪ければ、その国は尊敬されることはない」（『なぜ日本は没落するか』）
「徳川末期に欧米の使節が日本にきて日本人に下した採点は、文化的にも経済的にも程度は高いが、政治的には無能であるということであった」（同）
政治に厳しい森嶋氏はこう結んでいます。「政治が悪いから国民は無気力であり、国民が無気力だから政治は悪いままでおれるのだ」（同）と。
これは私が先に述べた政治と経済と教育のもたれ合いの関係と同じことを言っています。
千三つの話はイノベーションに当てはまります。イノベーションに挑戦しないというのは最も悪いわけです。やるなら一〇〇〇回トライしないといけない。中途半端に五〇〇回のトライだと成功しない可能性が高い。そして、当然のことながら、一〇〇〇回やるにはそれ相応の損を覚悟しないといけないということです。

第四章　起きないイノベーション

学級の大きさ、クラスの人数は文部科学省が決めています。小学校の上限は一年生が一クラス三十五人、二～六年生が一クラス四十人でした。二〇二一年度の法改正を受けて二～六年生についても毎年一学年ずつ三十五人に引き下げています。

▼放置された検証

一九四九年六月生まれの私は、小学校で五十五人のクラスに放り込まれました。「団塊の世代」のしっぽにちょうど私は入りますから、三十五人学級と聞いてうらやましい気持ちが半分と、五十五人の大クラスで一体どのように教育されたのだろうかという疑問の気持ちが半分わいてきます。一クラス三十五人で授業が成立するのに対し、四十人では難しく、五十五人では崩壊していたということはないと思います。教師一人で大勢の児童・生徒を教える「一斉授業」はメリットがある一方でデメリットもあります。当然です。メリットを大きくし、デメリットを小さくする。それをどこまでできるかが肝心で、教育における手間のかけ方を考えないと無駄が生じてしまいます。三十五人のメリット、四十人のデメリット、五十五人のメリットをきちんと検証する。検証した上で効果を最大にする方策を考える必要があります。もちろん文部科学省も教職員組合も、過去のデータをもとに三十五人学級を推進しているわけですから、少人数学級化の効果と課題をきめ細かく公表してほしいと思います。

児童一人に手をたくさんかけなくても一定の効果は上がっていたはずです。

一九五九年度から小中学校は一クラス上限五十人、六四年度から四十五人、八〇年度から四十人となった経緯があり、中学では今も四十人学級が基本です。

ＯＥＣＤ（経済協力開発機構）による国際的な学習到達度調査（ＰＩＳＡ）は義務教育修了段階の十五歳を対象に①読解リテラシー②数学的リテラシー③科学的リテラシー――について三年ごとに実施されてきました。二〇二一年度から小学校で段階的に始まった三十五人学級がＰＩＳＡにどう影響するのか興味を持つ人もいると思います。

二〇二二年のＰＩＳＡで日本はＯＥＣＤ加盟国のうち読解力の順位が二位、数学的リテラシーと科学的リテラシーが共に一位でした。二〇〇〇年の日本はそれぞれ八位（二位グループ）、一位、二位（一位グループ）で、〇三年はそれぞれ十四位、六位、二位（一位グループ）でした。

▼間違いだった手のかけ方

ＰＩＳＡの順位に私が一喜一憂することはありません。それよりも私が心配するのは、一般的学力が世界トップレベルにある日本から世界を驚かせるイノベーションがなぜ生まれないのかということです。子どもに対する手のかけ方が間違っていた可能性があるのではないでしょうか。バブル経済が崩壊し経済が低迷したとはいえ、二十一世紀に入った日本は一定の豊かさを享受してきました。成熟社会といわれるゆえんです。豊かさは過保護を生み、ハングリー精神を社会から奪っていきます。子どもたちの自立が遅れ、他人に依存する傾向が強まります。それが学力の高い日本のイノベーション力を押し下げているのではないでしょうか。大人に頼り切ったり周りに依存し過ぎたりする子どもが、独創的な発想に基づき大胆不敵なイノベーターになるとは想像できないのです。これはあくまでも私の仮説にすぎません。それでも同感される方は多いと思います。

ということは学級の規模を縮小するという施策だけでは限界があるということです。過度の期待はしない方がいいでしょう。

少子化の流れが大人を過保護にしています。見守るのではなく、口を出して手を差し伸べる保護者や大人が目立ちます。子どもの自立を阻んでいるのが彼らであることに気づかないケースが多過ぎるのです。真綿で包まれた心地よさに子どもは安住し「誰かがやってくれる」と受け身の姿勢を変えようとはしません。目に見えて悪くなるという事態に直面しなければ、変える必要がないわけですから変わりません。保護者も教師も子どもの自立を促せないのなら、誰が代わりに促してあげられるのでしょうか。家庭も学校も地域社会も国も代役は務まりません。代役はどこにもいないのです。

答えがはっきりしました。

▼教え合うは支え合う

小学校時代の五十五人学級について、私が不便だとか嫌だとか感じたことはありませんでした。勉強のできる子もいればできない子もいました。クラスは多様性という表現が当てはまるというよりは、雑多といった感じです。勉強のできる子はできない子を教えるのが当たり前でした。それがクラスの中にある種の一体感を生み出していました。国連で二〇一五年に採択された持続可能な開発目標（ＳＤＧｓ）は「誰一人取り残さない」を目標に掲げています。私たちは六十年前にすでに教育現場で「誰一人取り残さない」試みをしていたわけです。そして、それを教師一人の努力でやっていたわけではありません。同じ共助の試みは日本の津々浦々で行われていたに違いありません。貧しい時代における助け合いの精神じゃないかと切り捨ててしまうのは簡単です。この共助の試みを私は二十年後、アメリカのロードアイランド州で目にしました。

大学卒業後に入った大蔵省（現・財務省）から派遣・留学されたアメリカ東部アイビーリーグの私立大学大学院で、学生が教え合っていたのです。その経済学系の大学院は全体で百人程度しかいなかったと記憶しています。どのクラスも十人ぐらいでした。社会科学系の分野でも教え合っていたのです。自然科学系の専攻なら共同研究や共同実験があるでしょう。私が在籍したのは経済学の研究科でしたが、これ分からないから誰か教えてと尋ねると、どれどれという感じで別の誰かが教える。もちろん奨学金給付の一形態としてティーチングアシスタントの指名を受けて、その職責を務めていた大学院生もいます。しかしその学生のみならず、どれどれという感じが次から次へと続いていく。アメリカは個人主義の国で他人のことは構わないと留学前に聞かされていただけに目を丸くしました。日本では頼まれた方が拒否したり優越感に浸ったりすることがあります。実に小さい話です。ノートの貸し借りの拒否でさえ日本では珍しくありません。その点、アメリカはおおらかでした。もちろん激しい議論も交わします。学生はライバルでありながら同士・仲間でした。学生が互いに啓発できるのがキャンパスでした。卒業後の実社会でも大学のキャンパスが一つのモデルになっています。職場や関係先のコミュニティーでもライバルでありながら同士・仲間の関係が築かれていることからもそれは分かります。コミュニティーの力とかコミュニケーションの力だと言うことができます。そうしたことができるのも共通の理想と目標があったからだと思います。例えば一七七六年のアメリカの独立宣言もその一つでしょう。

そこには「すべての人間は生まれながらにして平等であり、その創造主によって、生命、自由および幸福の追求を含む不可侵の権利を与えられているということ。こうした権利を確保するために、人々の間に政府が樹立され、政府は統治される者の合意に基づいて正当な権力を得る」と記されています。

〈生命〉〈自由〉〈幸福〉を〈平等〉に分かち合う権利について、派遣・留学先の大学の大学院生たちは行動を通じて私に教えてくれたのです。

答えがはっきりしたと私は先に言いました。

▼自助と共助

答えは自分たちでまず見つけるということです。

それは自助と共助により実行することです。自助と共助の力を通じて子どもは子どもで自立し、親は親で自立し、教師は教師で自立するということです。そうすれば地域社会も国も他人任せにしない気概を持つことになると思います。答えは与えられるものではなく、自分で見つけるか作り出すものであるということです。

日本の社会は親と子、教師と生徒、先輩と後輩、上司と部下といったように縦の人間関係を中心に営まれてきました。

縦の人間関係は「時間の経過」を基礎概念としています。経験の差異は重要な位置づけの評価ポイントです。変化の遅い時代なら重要であっても、変化が早く、まったく違う世界から新しい座標軸が持ち込まれる時代には、縦の人間関係に対する評価を変えていく必要があります。

これに対しアメリカは横の人間関係をベースにしていると指摘されます。イノベーションの視点から縦と横の人間関係を見ると、どちらの人間関係が固定観念にとらわれずに新しいものを作り出せるかは一目瞭然です。口角泡を飛ばすような激しい議論やアイデア出しの応酬は、横の人間関係が強いグループでは簡単に受け入れられるでしょう。それに対し縦の人間関係の強い集団では煙たがられるでしょう。

残念なことに、日本の大学は縦の人間関係がまだまだ強過ぎます。改革への歩みがないとは言いませんが、学長を頂点に教授、准教授、講師、助教と強固なヒエラルキーが維持されています。平等かつ対等であるフラットな関係を尊重することにより、大学と学生に活気を取り戻せます。活気は摩擦を生みます。それは仕方がありません。上下関係で起きる頻度の高い摩擦は下位の人間を疲弊させる一方です。それに対し若者間で起きる摩擦は熱を起こし前進するエネルギーに変えることができます。飛び跳ねるアイデアや突飛な発想はフラットな人間関係から生まれてきます。礼を重んじ恩師をむやみに敬うなど儒教的精神の表れと言える縦の人間関係の限界について、大学をはじめ日本の教育界は十分に自覚していると思いますが、それを変革する試みは足取りが重く感じられます。

▼ゼミの可能性

大学で議論ができるのはゼミナール（ゼミ）です。ゼミは対話型かつ双方向型の少人数授業が特徴です。大学によっては二年生からも「入門ゼミ」といった位置づけによるトライアルを実施しているところもありますが、教養課程を終えた三年次から自分が所属する学科や専攻に応じて始まるのが一般的です。教授だけではなく、学生の先輩に当たる助教や大学院生の助言などを受けながら研究テーマをそれぞれが深めていきます。発言力と批判力からコミュニケーション力、人間力までを習得できると位置付けられています。日本経済団体連合会（経団連）が二〇二二年一月に公表したアンケート結果によれば、企業が重視する学生の学修履歴は「研究室・ゼミでの研究内容」が四六・一％でした。「履修した科目と成績評価」は二七・五％、「学修履歴は特に問わない」は一八・九％、「その他」七・五％でした。大学生が何を勉強しようとどんな成績をおさめようと気に留めないと考える企業が二割近くもあることに私は驚きました。これは大学が必要なこと、求められることを行っていなかった点についての評価だと思います。

寄せられる期待とは裏腹にゼミが活発なのは一部の大学だけです。それも限られた研究室にとどまっています。特に人文・社会科学系のゼミではそうです。大学の大衆化と娯楽化が進んだ結果、ゼミは飲み会や就職のあっせん所になっていないでしょうか。

このような状態にある日本の大学に居続けることにより埋没するのは嫌だと考える高校生が日本の大学への進学をやめて、海外留学を直接目指すケースが急増しているのは日本の大学の劣化が影響しています。周りに忖度せずに友人と切磋琢磨しながらイノベーションを起こしたいと希望するなら、日本の大学は進路選択から外れてしまいます。野心ある若者から日本の大学が見捨てられている現状を私たちは深刻に受け止める必要があります。

私の大学時代（一九六八～七二年）は大学紛争のため一年次から二年次前半までの授業がほとんど実施されませんでした。全学ストライキに突入したからです。それは学生の取るべき選択肢として正しかったかどうかは大きな疑問が残ります。入学直後から教養学部に開講された政治学のゼミに入りました。若手の教授が開講して二年目のゼミでしたが、二年生、一年生がタッグを組みました。専門書を毎週一冊読み、レジュメを全員が提出します。それをもとに議論を繰り返します。今ならパワハラ、アカハラと指摘されてもおかしくないほどの激しい議論でした。とはいえ、就職につながるゼミでもなく、履修しないと進学できないという単位でもないので、圧力感はありませんでした。ゼミのシラバス（授業計画）には大変だと書かれていました。それでも三十人ほどいたゼミ生から脱落者はほとんど出ませんでした。指導教授の世界観に触れ、私の視野は広がりました。どちらかと言うと、全学ストライキで授業のない大学のキャンパスの中で唯一知的な作業を体験できるという喜びが強かったのだと思います。学内では人的安全が確保できないので、学外において行ったこともありましたが……。

ゼミ形式の少人数によるディスカッションを有効なモデルとして参考にすれば、いくつかの問題に曙光が差します。

多くの大学で依然として実施されている大教室における一斉集中講義が、学生の学問への関心を薄れさせる要因となっていることは残念ながら深刻な事実です。授業で学生に接する教授陣の中でも、言いにくいことですが、研究・分析能力は高くても、講義に必要な解説力、伝達力では高くない人がいます。教科書や参考文献の内容を単にまとめるだけであったり、単に読み上げるだけであったりするレベルの教授です。学生の満足する水準からは遠く、ワクワク感が乏しい授業を受ける中で、せっかく持っていた興味や関心が学生から消えていく状態が見受けられます。

それを回避するためには、講義能力に優れた教授の授業を映像化して、いくつかの大学で共有することが考えられます。映像授業の視聴については、夜間、休日を含め学生が自ら自由に設定した時間で行うことを基本とします。その代わり、当初確保されていた授業時間は人数を絞ったQ＆Aおよびディベートのクラスに変えます。そこでは学生が映像の授業を理解したことを前提に、学生相互の議論から教授を巻き込んだ議論までが活発に展開されることが期待されるというわけです。念のために言い添えますが、私の提案は教授の人数を減らすものではありません。むしろ、場合によっては増やす要素を内包しています。

Q＆Aやディベートのクラスの進め方については、優れたゼミの運営スタイルがやはり参考になります。学生が自ら考え、自らまとめ、自ら発言（発信）できる機会を与えられ、それらの修練を積むことのできるクラスを学生と教授が一緒になって構築、運営するスタイルです。一部においては既に検討されたり試みられたりしてはいますが、これを一層進めるべきだと思います。IT関連のコストが著しく低下している現状では、実施のハードルは下がっています。学生は映像授業の受講を自由に設定できることから、国内の映像授業だけでなく、ワクワク感あふれる海外のそれも視聴するチャンスが増えることになります。学生の興味と関心が高まればディベートのクラスはさらに活発になるはずです。

ゼミとは別の形としては、専攻科目に沿った課外活動も、受講した内容を咀嚼して身に付ける場となります。私の大学では学生が運営する無料の大学法律相談所があり、法学部生だった私も活動に加わりました。一般市民からの相談に交代で対応しました。

「法律という学問」と「争いがある現実世界」の中間に身を置くという経験はとても貴重でした。

▼勉強と青春

アメリカの大学生は時間を惜しんで勉強をします。それに対し有名国公私立などの志望校に入った日本の大学生は、大学入学を大きなゴールと受け止めるために時間を惜しんで青春を謳歌します。私たちの頃でも、「シュトゥルム・ウント・ドラング」の時期だから授業に何か束縛されてはいけないとドイツ語の表現を口にして格好を付け、教室に足を向けないやからも確かにいました。「シュトゥルム・ウント・ドラング」は疾風怒濤という意味です。アメリカの大学生は毎日出される課題と格闘します。大学院生でも週に何度か課題が出ます。ひと息つけるのは金曜日の夜と土曜日だけです。勉強にひたすら打ち込む四年間と青春を謳歌する四年間の差は、大学卒業時にまず現れます。次にその差は実社会でキャリアを積むにつれて広がります。大学の四年間で学修した専門性に磨きがかかるかどうかが試されるからです。

先に述べたように、日本では大学生が何を勉強しようがどんな成績をおさめようが気に留めないと考える企業が二割近くもありました。専門性が重視されないのは総合職で採用される新卒者を組織優先の「ゼネラリスト」として、企業が育成していくからです。それに対してアメリカでは専門性にこだわります。特技のある「スペシャリスト」でなければ企業内で淘汰されます。生き残りをかけて大学時代と同様に専門性を自分で磨いていかなければなりません。キャリアアップの育成や研修はアメリカではほとんどありません。

大学教育におけるアメリカの特色を〈一流を目指す大学生〉〈一流の教育施設・プログラムを整備した大学〉〈一流の教育を提供する大学教員〉とするなら、日本の特色は〈中流を目指す大学生〉〈中流の教育施設・プログラムを整備した大学〉〈中流の教育を提供する大学教員〉といったところでしょうか。教授を含む教員の流動性が低いことを考えれば〈下流の教育を提供する大学教員〉は存在するのかもしれません。二番目の教育施設・プログラム、三番目の大学教員の充実ぶりによっては大学生の四年間に大きな影響を与えます。教育の質、教育の密度について私たちは考えておかなければいけないと思います。

▼低い数学力

アメリカの大学生の数学力が低いことに驚きました。アメリカ東部アイビーリーグの私立大学大学院に留学していた時の経験です。大学院で履修した経済数学の授業は何と二次関数の解法から始まりました。二次関数の問題を大学院生が必死に解いていました。二〇二二年のＰＩＳＡにおけるアメリカの数学的リテラシーは、調査対象だった八十一の国・地域のうち三十四位だったということを例に挙げるまでもありません。ただ、レベルが低いと思うのもつかの間でした。日本では一カ月かかる内容をわずか一週間で彼らは学修します。あっという間に高次微分方程式にたどり着きました。私は追いつかれたと思いました。彼らの集中力に脱帽しました。ふだんから怠けていて定期試験対策は一夜漬けとなる日本の大学とは違いました。アメリカの大学には怠け者はいなかったのです。

怠けても単位が取れる。卒業はできる。学位も取れる。それが日本の実態です。大学にも教員にも学生にも緊張感はないか、極めて低いと言えます。大学の怠ける文化は全入時代に入り、さらに強まっています。

大学は勉強や研究をする場所です。それが基本です。勉強しない学生が進級するのは間違っています。一定の学修レベルに達しない学生は留年させるべきでしょう。留年が続くようだと退学の勧告です。それが結局は大学のレベルと品位を守り、ひいては学生の未来を保障することにもなります。

学生の成績評価・判定を厳格にするのと並行して、教授らへの評価も厳格にする必要があります。学生の退学を辞さない対応をする以上、教授らについても適格性がない、あるいは適任でなくなったと判断された場合は退任してもらわなければならないでしょう。

▼企業の都合

大学生の就職・採用のスケジュールも日本の大学の劣化を引き起こしています。大学三年生の春から企業研究を始め、夏からインターンシップに参加します。秋には一部の企業で新卒予定者を対象にした説明会が開かれ、その後、企業へのエントリーが始まり、大学四年生の六月以降に内々定が出て、十月以降に内定を承諾するかどうか決めます。しかも、これがどんどん前倒しになっています。大学三年生と四年生はいつ勉強するのでしょうか。これでは勉強や研究に身が入りません。四年間の学修成果を篩《ふるい》にかけてから企業は大学生を採用するべきでしょう。大学卒業の数カ月前に就活・採用試験が始まるのが、大学の教育力を維持するには必要だと私は思います。大学四年生の秋は勉強と研究にとって収穫の時期です。いい卒論が書けるかどうかの分かれ目です。日本人の学力は大学受験時点がピークと諸外国から陰口を言われないためにも、大学四年生の秋を大事にしてもらいたいのです。大学の上級生が就活で浮足立つ状況は、一年生、二年生にも誤ったイメージを与えていますし、またせっかく日本に来ている留学生にも決していい影響を与えません。

大学生の採用に当たって企業は何を基準にするのでしょうか。いまも学歴です。しかも、何と大学入学時の偏差値ランキングです。入学後に遊びほうけても四年前の偏差値が生きるのです。もちろん、在学中の評点である「優・良・可」「A・B・C」は見られていますが、評価に値する成果を学修しているかをきちんと吟味しているでしょうか。本人の偏差値が四年間、大学のレベル評価に包まれて変わらないなんてことがあるでしょうか。勉強すれば上がる。勉強しなければ下がる。大学受験の模擬試験でそれを理解したはずです。にもかかわらず、大学四年間で勉強をしなくても偏差値は変わらないのです。大学の偏差値とその中にいる本人の偏差値を同一視しているわけです。ばかげています。この責任は「本来の頭の良さである地頭は変わらない、どうせ大したインプットを大学ではしていない」とうそぶく経済界にあります。変化の激しい時代に変わらないものがあると考えた時点で衰退は始まります。経済界はそれを自覚しないといけないと思います。

▼就活に変化も

変化は少しずつ、かつ確実に現れています。技術力がある中小企業やベンチャー企業に就職する有名国公私立大学の学生が続いているからです。働き方改革の進まない一部の大企業や省庁、地方自治体は大学生からブラックとみなされ、応募者数が減っています。企業にとって買い手市場だった一角が崩れ始めています。

学歴に関して苦い思い出があります。

財務省の局長人事がマスコミで報じられる際、略歴に必ず卒業大学の名前が記されます。東大法卒とか一橋経卒とかです。局長に就いたのは仕事の業績が認められたからであって、卒業大学は入省後の業績に関係していません。このため知り合いだった記者たちに前職の記載だけを求めました。卒業大学の情報は有権者にプロフィルを簡単に説明することも必要な政治家には有用でも、公務員には要らないはずですと説明しました。それに対し、読者が知りたがっているので削れないというのが記者たちの答えでした。

ある地方の財務局長に大学を出ていない人を充てる人事を発令したケースでは、わが財界を軽視しているとの怒りの声が地元から出ました。高校が最終学歴である略歴が新聞に載ったからです。その人は大卒のどの財務官僚にも負けない能力と識見があり、勉強熱心でした。赴任先の財界に大きな貢献をするのは間違いありませんでした。それでも歓迎されなかったのです。学歴の情報は人の目を曇らせ、他人をうらやむか、他人をおとしめるかのきっかけを作ります。それはアンフェアです。多様性を認めなければならないグローバル時代の敵だと私は思っています。

第五章　大学を支える文化

大学を出た若い会社員に「あなたは何をしていますか」と尋ねると、〇〇銀行に勤めていますとか、商社の△△で働いていますとか、勤め先の名前を挙げることがほとんどです。経理をしていますとか、製造ラインのエンジニアですとか、電子部品の組み立てをしていますとか、仕事の中身を口にする人はめったにいません。少し詳しく「顧客情報を管理する業務用ソフトウエアをつくっています」などと言うのは人気のＩＴ企業に勤める人ぐらいでしょうか。これは日本人の企業への帰属意識が強いことが理由に挙げられます。次にゼネラリスト（総合職）の枠で採用されたため職場異動と職務変更が一定期間毎に実施されることが挙げられます。経営に将来携わるためには主要な部署を複数経験させる必要があると企業は考えます。

▼Π型人材

企業も役所も長い間、ゼネラリストを育成することに躍起でした。専門性を応用できる人材よりは、調整能力に優れている人材を重宝してきました。

実はゼネラリストは新しい価値を創造することがありません。ゼネラリストが力を発揮するのは社内根回しを含めて、事業化する時です。どこをつつかれてもほころびが出ないように事業計画書をまとめるのはお手の物です。

人材は「T（ティー）」でなければいけないと私は主張してきました。「T」の「一」は幅広い業務経験を持つゼネラリストの技能、「｜」は深い専門知識を持つスペシャリストの技能です。総合力と専門力を「T」は表しているとイメージしてください。横棒の「一」はできるだけ長く、縦棒の「｜」はできるだけ深いのが理想です。

DX（デジタルトランスフォーメーション）とグローバル化が同時に進展した今、「T」は見直さざるを得ません。というのも、専門を一つしか持たないゼネラリストでは企業でも産業界でも生き残れない可能性が出てきたからです。私が新しく提唱しているのは「Π（パイ）」です。Π型人間は専門を二つ以上持つゼネラリストです。文系なら税理士と不動産鑑定士の資格があるとか、理系なら技術士と気象予報士の資格があるとかです。そして、できれば文・理という区別なく複数の資格を持てることだと思います。国家資格を必ず取れということではありません。それに匹敵するほどの水準まで極めてほしいということです。専門的実力があり、それでいて事業計画書をまとめ上げる力があることが望まれます。大学時代に福祉と介護のボランティアを経験して福祉行政に精通する一方、ロボット工学を専攻した経験があれば、介護の現場に導入するＡＩロボットの利用計画を自治体と共同で進められるかもしれません。経済学者のシュンペーターによればば、イノベーションは「新結合」でした。Π型人間が次から次へと集まってくれば、「新結合」が起きる可能性は高まります。

それが現実になった時、あらためて「あなたは何をしていますか」と会社員に尋ねてみましょう。「空飛ぶ自動車のプロペラを設計しています」とか「入浴サービスをすべて自動化した介護用家庭風呂の製造と取り付けをしています」とかいった答えが返ってくるでしょう。そして彼らは言うに違いありません。「大学時代にリベラルアーツを学んで複眼的な思考を身に付けたことが、その後間違いなく役に立っています」と。

縦に伸びる線の到達度は中途半端なものではいけません。職場の後輩たちには一本は世界一の水準、もう一本も国内で五本の指に入るほどの水準になってほしいと私は言いました。これは過大な冗談ではなく、そこまでいかなければ世界と伍していけないからなのです。

▼複数専攻

日本の大学では一部を除き、複数の異なる分野を学生が同時に専攻する「複数専攻」はできません。これがアメリカの大学と大きく違う点です。そもそもアメリカには理系と文系の区別がないのです。芸術系と体育系の区別もありません。少し乱暴な言い方をすると、すべてがサイエンスなのです。主専攻と副専攻の分類はあるものの、アメリカでは物理学と文化人類学、スポーツ健康学とロシア文学といった複数専攻が可能です。そこでは「新結合」の芽が生まれるだけでなく、「人間の幅」も広がると考えられます。これを考えて理系と文系を分ける「日本型サイエンスの分断」を日本は一日も早くやめるべきです。サイエンスはいつの時代も横断的でした。文理横断とか文理融合とか、「文理」超越の言葉を早く死語にしなければなりません。

大学でサイエンスを学ぶ限り、数学は必須です。ですからすべての大学は数学を受験科目にしないといけません。

大学で実用英語の科目を担当する教員は、東南アジア諸国連合（ＡＳＥＡＮ）の出身者がいいのではないでしょうか。それでいてアメリカかイギリスで学位を取っている人。なぜなら私たちが英語を使って実際に仕事をする際、相手はＡＳＥＡＮの人が多いからです。発音やイントネーションにネーティブと少し違うところがあり、それに慣れることがかえっていいのです。ＡＳＥＡＮ英語にじっくり触れることで英語に対する抵抗感とハードルが下がります。イギリス人やアメリカ人の英語は理想系です。ＡＳＥＡＮ英語は実用系です。

文部科学省によれば、英語資格・検定試験における日本の平均スコアは世界で最下位クラスに甘んじています。二〇一九年のデータに基づくと、ＴＯＥＦＬ ｉＢＴテストの合計スコアは一二〇点満点中、平均でシンガポールが九八点、マレーシア九一点、フィリピン八八点、インドネシア八六点、ベトナム八四点、ミャンマー八一点、タイ八〇点、カンボジア七三点で、日本は七二点です。お隣の韓国と北朝鮮、台湾はいずれも八三点、中国は八一点でした。アジアにおいても特に日本人の英語能力が低いのは、英語を話す人との接触機会が低いことに加え、英語教育が英文学教育に偏り実用英語を軽視してきたことが理由に挙げられます。これは国語が国文学教育に偏り実用国語をさげすんできたのと同じです。

実用の教科を

小中高の初等中等教育レベルではナマの英語とナマの国語を教えられる教師に置き換えることを検討する必要があります。日本人の教師はナマの国語を話せているのでは？と思う人もいるでしょうが、論理正しく整合的な日本語を教師全員が話せていると思うのは錯覚です。児童・生徒に生きる力を蓄えてもらうには実用英語、実用国語、実用数学こそが必要なのです。

大学は学問の独立や自治を理由に社会連携と言いながらも学外の申し出る協力に慎重でした。一部の教授会はまるで聖域を侵されるかのような受け止め方をしました。特に人文・社会科学系ではそうでした。財務省は現職官僚の派遣を旧国立大学（現・国立大学法人）中心に受けて入れてもらい、予算編成、財政、国際交渉などの政策過程に関する講義を実施してきました。例えば東北大学では東北財務局と連携を締結し、二〇一四年度から地域財務金融行政をテーマとする講義が経済学部で開かれています。二三年度は前期十四回の講義を財務省、復興庁、国税庁、内閣官房などのエキスパートが担当しました。受講した学生からは「学問と現実の間の関係を考える上で刺激になった」との感想が多く寄せられています。大学の教員が教える講義と学外の専門家が教える講義をうまく組み合わせることは「理論」と「現実」の考察を大学生に促す機会になります。こうした取り組みに民間の専門家にも加わってもらうと実学教育が充実し、大学教育の質は高まるはずです。

官僚は教育のプロではありませんから、シラバス（授業計画）の作成から実際の講義、成績評価までをはじめから完璧にこなすことはまずできません。プログラムのいいところを伸ばすという姿勢で大学側の全面的な協力を得られれば、大学に欠けていると指摘されてきた実学教育にも貢献できるはずです。民間の専門家にも加わってもらうと大学教育の質は高まり、大学の特色も打ち出せるのではないでしょうか。ひいては大学の差別化につながり、生き残り戦略にも影響を与えると考えられます。

▼図書館の利用制限ニュース

大学教育の質を考える上で、ショックを受けたニュースがありました。光熱費の高騰を理由に大阪大学が二〇二二年十一月、大学附属図書館の開館時間短縮を発表したことです。総合図書館、理工学図書館、生命科学図書館の三館について冬期は、最大三時間開館時間を短縮するとの内容でした。この結果、総合図書館は開館が平日午前八時〜午後十時だったのに対し午前九時〜午後八時に一時なりました。これらの措置は学生に多大な不利益をもたらすとして反対の署名活動がオンライン上で起きました。大学教育の質と、付属図書館の開館時間の関係についてまとめた研究論文を見たことはありません。とはいえ、アメリカには終日開館の大学図書館もあり、私が留学した東部アイビーリーグの大学も深夜まで自由に利用できた経験からすれば、見逃すことのできないニュースでした。留学先の大学にある付属図書館のジョン・D・ロックフェラー・ジュニア図書館は、ロックフェラー側の寄付で建設された経緯があります。ですから図書館の名前にロックフェラーの名前が付いています。

大阪大学の付属図書館の開館時間短縮をめぐって、図書館の運営資金を提供しましょうといった寄付の話は、卒業生の大阪財界人からはなかなか聞こえてきませんでした。国立大学法人や公立大学法人、私立の学校法人などに対しては税制上の優遇措置が講じられているものの、卒業生らの関心は高くないように思えました。

アメリカの大学は大口寄付者の子弟らに入学の門戸を開放しています。名門エール大学を卒業した元大統領ジョージ・W・ブッシュ氏は巨額の寄付で入学したと取りざたされてきましたし（真偽は不明です）、元大統領トランプ氏の娘婿で上級顧問を務めたクシュナー氏は二百五十万ドルの寄付を父親が約束したことによってハーバード大学で学ぶことができたとマスコミに報じられました。私たちが注意しなければならないのは、大口寄付による子弟らの入学はアメリカでは「裏口入学」ではないということです。あくまでも「正規入学」と位置付けられています。大学進学適性試験（SAT）の不正や、本来は該当しないスポーツ推薦枠を賄賂で獲得するのとは違います。

▼大口寄付者の入学枠

これに倣って日本でも、大口寄付者の子弟らを「特別枠」の対象にし、入学を認める時期に来ているのではないかという意見があります。大学全体で特別枠の人数は毎年度「数人」にとどめ、「億単位の寄付」を条件にするという内容です。確かに「数人」であれば、「特別枠」の設置によって不合格となる受験生への影響は限りなく小さくなります。もっと言えば、ほとんどないでしょう。寄付金の下限が例えば「三億円」なら、特別枠合格はもっともだと世間で受け止められる可能性があります。下限額が数千万円のレベルになるとかなりの人が特別枠に手の届くことになります。祖父母を含め親類縁者に借金をして寄付金を捻出《ねんしゅつ》する家族が出てくるに違いありません。そうなると「裏口入学」の臭いがしてくるのではないでしょうか。特別枠と言うのですから、ごく少数の人しか手にできない「プラチナチケット」であるというのがポイントになります。裏でこそこそやって大口寄付者の子弟らの入学を許可しているとの疑念を持たれないために、大学側はアドミッションポリシーで特別枠の目的と適応条件をきちんと説明しておかなければならないでしょう。説明責任は大学側にあり、大口寄付者の側にはないことは言うまでもありません。

私自身、この意見は悪くはないと考えています。大口の寄付金は使い方次第で大学教育の質を維持したり充実させたりすることができます。付属図書館の開館時間短縮見直しも考えられるでしょう。特別枠で入学した学生に対して、安易に単位や学位を与えて卒業させないようにすることで公平性は保たれます。アメリカのように入学条件は緩い代わりに成績評価や単位認定を厳しくしてはどうでしょうか。「入るのは難しく出るのは楽」という日本の大学を「入るのは普通で出るのは難しい」というタイプに変えるのです。特別枠で入った人たちにも甘い評価をすることなく公正に評価し、留年、退学もきちんと行うことが前提となるでしょう。学位の価値は上がりますし、世間もきっと納得するに違いありません。そもそもこのようなきちんとした評価をすべての学生に対して実施することが本来の姿です。

▼安田講堂

東京大学の象徴である安田講堂は、旧安田財閥の創始者である安田善次郎氏の寄付を受けて一九二五（大正十四）年に建設されたのが名前の由来です。六九年には講堂を占拠した学生と、それを排除しようとする警視庁機動隊との間で激しい攻防が繰り広げられました。いかなる暴力をも肯定することはできません。ただ、学生たちは占拠の理由に「学費値上げ反対」を訴えていたことは記憶しておかなければいけないでしょう。善次郎氏が匿名で実行した寄付の額は、東京大学によれば「百十万円」でした。卸売物価指数（企業物価指数）を基準にすると現在では約七億円となります。善次郎氏は講堂の完成を見る前の一九二一年、神奈川県の別邸で若者に刺殺されます。テロの犠牲です。寄付を匿名で続けていたため、篤志家としての彼を知らない世間は、蓄えた富を社会に還元しないなどと非難を浴びせることがありました。安田講堂と呼ばれるようになったのは後になってからです。

安田講堂は学生と権力による暴力の衝突だけでなく、大学と大口寄付、学費値上げと教育水準の維持についても多くを語ってくれます。

大学は利益を追求する場では決してありません。それでも資金がなければ運営が立ちいかなくなります。国立大学も私立大学も同じです。子どもの数が減り続けているため大学の教育と研究にしわ寄せがきます。

文部科学省によれば、大学に対する寄付は増加しているものの、諸外国との差は依然大きいのが実情です。

例えば東北大学は二〇一九年の寄付受け入れ額が約三十三億四千万円でした。二〇〇五年の約四十四億二千万円から二四・四%も減りました。早稲田大学は一九年が約二十八億三千万円で、約三十九億四千万円だった〇五年に比べ二八・二%の減少でした。一方で筑波大学は、〇五年の約十二億四千万円から一九年の約二十八億一千万円へと増えました。

東京大学、京都大学、大阪大学、慶応大学の一九年の寄付受け入れ額は、それぞれ約

百三億六千万円、約百二十一億九千万円、約五十九億九千万円、約九十九億一千万円でした。

▼資金が潤沢な欧米大学

外国の例を見てみましょう。

英国の私立大学であるオックスフォード大学とケンブリッジ大学は、二〇一九年の寄付受け入れ額がそれぞれ約百五十二億三千万円、約百五十億四千万円です。

米国の私立大学は別格です。二〇一九年はスタンフォード大学で約千二百二十三億五千万円、ハーバード大学で約千五百十六億九千万円です。両大学は〇六年と比べてそれぞれ二二・一%、一三一・八%増えています。

公立の州立大学であるカリフォルニア大学のバークレー校とサンディエゴ校でも、一九年は約六百五億七千万円、三百十七億九千万円でした。

日本の国立大学法人への寄付は現物を含めても一九年の総額は約千六十五億円です。

私立大学はどうでしょうか。

私立大学を設置する学校法人の寄付金収入額は、一九年については約千三百二億円でした。

日本私立学校振興・共済事業団によれば、二〇二三年春の入学者が定員割れした私立大学（四年制）は全体の五三・三％に当たる三百二十校に達しました。定員割れが五割を超えたのは一九九九年度の調査開始以来初めてです。私立短大も定員割れが九二・〇％と過去最高を記録しました。二二年の時点で地方の中小私立大学の約四割がすでに赤字の傾向にあったことから事態は深刻です。

もちろん、寄付と大学の経営状況が直結しているわけではありません。私立大学の事業活動収入は、学生が納める授業料や入学金などの学生生徒等納付金が中心で、実に八割を占めています。学生が来なくなれば大学の経営は危機に瀕します。短大は特に深刻です。中小の私立短大は約七割が二〇二二年の時点で赤字傾向を示していました。大学淘汰の時代が来ています。

大学への寄付を自然と続けられる文化を育てる必要があると思います。大学側が寄付を受け入れるための手厚い税法上の整備はもちろんのこと、おいしい肉を安く食べることを目的にしたかのような歪んだ「ふるさと納税」を廃止する代わりに、「応援だいがく納税」を導入してはどうでしょうか。その方が建設的です。子どもの将来に生きる税制だと思いませんか。特に個人ではなく法人が寄付をする場合の優遇の在り方を議論する必要があるかもしれません。

第六章　実用英語のすすめ

大学で実用英語の導入を急がなければならない別の理由に、英語の授業が英文学偏重で実施されてきた実態を挙げることができます。経済学部や理工学部で教える英語の担当教員が、英国の詩人ウィリアム・ブレイク（1757〜1827）を専門にしていたり、『若草物語』を書いた米国の女性作家ルイーザ・メイ・オルコット（1832〜1888）を専攻していたり、さらには教材にその著作を採用したりするような例が散見されました。英語で「読む・書く・聞く・話す」のうち、「読む、しかもじっくり読む」ことだけが得意な英語教員は、役に立つ英語の習得を希望する学生のニーズに応えることができません。文学を学ぶのと語学を学ぶのは根本的に違います。それは他の外国語も同じです。第二外国語のフランス語やドイツ語、スペイン語、ロシア語、中国語、朝鮮語なども、授業は文学に偏る傾向があり、時事外国語の読解やリスニング、ライティングは軽視されてきました。

▼時事教材

外国語の教材はさまざまな論文の抜粋や雑誌、新聞などを使えばいいと思います。本格的な「生の外国語」に触れてもらうわけです。ブレイクやオルコットの価値を否定するわけではありません。一般の学生にはそれよりも、世の中で何が起きているかを知る技術を習得することの方が大切です。時事問題を扱ったテキストをぱっと読めるようになることの方が社会に出たときにどれだけ役に立つか。ちょっと想像すれば分かります。

私が一九六八年に大学に入学した時点における英語の授業では、ヘンリー・ジェイムズの小説が取り上げられました。大学の全学ストライキが六九年初夏に終わり、その後に授業が本格的に再開した時、大学側が突然、新しい試みを始めました。それこそ「使える英語」「生の英語」への挑戦です。多読のエクステンシブリーディング、精読のインテンシブリーディング、ライティング、ヒアリングの四つが用意されました。エクステンシブリーディングは一回の授業で二十ページは進みます。蝸牛の歩みだった高校の英語とまったく違います。構文がどうのこうの、形容詞の係り方がどうだということは言いません。また、その授業を世界史の専門家や社会学の新鋭が自ら教材を選び進めてくれました。一気呵成に読み込む大学の英語の経験は、後のアメリカ留学で生きることになったと思います。

インテンシブリーディングは今の英語の授業に最も近いタイプです。ただ、文学的要素は排除し、文章の書き方を同時に学べるように構造や構成を分析していく授業でした。一回で一～二ページしか進みません。アメリカの大学院で精緻な論文をさほど苦も無く読解できたのはこのインテンシブリーディングのおかげでしょう。

ライティングの授業では、何でもいいからとにかく書いてみなさいと促されました。教員は学生全員の添削をしました。大変な作業だったと思います。

ヒアリングではＢＢＣ放送のニュースを聞かされました。三分ほどのニュースがテープから流れてきて、それを手早く日本語でまとめなさいと言われました。英語の挨拶など決まり文句はそれまで聞いたことはありましたが、生の時事英語を聞くのは初めての体験でした。ＡＶ機器などほとんど無い時代にオープンリールのテープを動かしながらの授業は刺激があって楽しかった一方、ついていくのがやっとでした。クラスの四八％が青点を取って再試験を強いられ、なお二〇％が最終的に赤点、不可となったという記憶があります。

▼さまざまなテキスト

テキストは本当にさまざまでした。芝居やテレビドラマの脚本があり、英字新聞や英字雑誌の切り抜きがありました。四百ページもあるペーパーバックを一冊買わされました。西洋史や文化論を扱ったテキストもありました。全部読むことはなく、要旨を理解するのが目的です。各章に何が書かれているかを速やかに読み込んでいくわけです。西洋史や文化論を取り上げた授業は大学ならではの英語の授業でした。高校での世界史の授業より断然面白かった。教員によっていろいろな工夫が凝らされていました。この点においては大学闘争がいい方向に働いたのかもしれません。

あれから五十年がたちました。

大学の英語の授業は進歩、発展したのでしょうか。もし進歩、発展していたなら先に示したＴＯＥＦＬテストの惨憺《さんたん》たる成績はなかったでしょう。

実用英語や実践英語と同様に、実用国語や実践数学の導入も考えなければなりません。

私の在籍した中学校は教育系大学の付属校でした。全校挙げて実験的な学校教育に取り組んでいました。英語の聞き取りトレーニングが校内放送を通して実践されていました。毎週一回、二十分程度。母音と子音を聞いてその違いを覚えました。無声音と有声音。カタカナで表記できない「r」や「l」「th」などについて「rice」「lice」「think」などを例に聞き取りをさせられました。試験はありません。六十年以上前に取り入れられていた実用英語の取り組みがその後、全国に広まったという話は寡聞にして存じません。残念としか言いようがありません。日本が国際化に乗り遅れた遠因はこうした所にあるのではないでしょうか。今は生きた英語を聞ける機会は大きく増えています。十枚ほどのセットになった英語教材用のレコードが当時の値段で公務員の初任給に匹敵するほどだったと記憶します。そうしたレコードとラジオのＦＥＮ（米軍極東放送網）くらいしか音源に触れる手段は無かったのに比べれば、今はレンタルＤＶＤ・ＣＤでもネット配信でも二百円程度で原音が入手できます。まさに隔世の感です。

▼難しい日常英会話

大学を卒業した人の多くが英語に関して口にする決まり文句があります。「日常英会話はできます。しかし、ビジネス英語はできません」という文句です。それは嘘だと思います。ビジネスの場で交わす英語は予備知識や会話のバックグラウンドがありますから、議論のスコープ（範囲）、ポイントが限定されていますし、相手のネーティブは知性が高いこともあってこちら側の意図をたいていは分かってくれます。少し極端な物言いに「ビジネスの英語は最後に上か下かと数字さえ言えれば全然問題ない」というのがあります。安値で買い、高値で売るためには確かにそうなのかもしれません。

日常会話はそうはいきません。普通の会話に植物の名前や鳥の名前が出てきます。欧米のパーティーではとりとめのない話が場を盛り上げます。パーティーでビジネスの話をする人は嫌われます。日本人の多くがそれに当てはまります。

ネーティブが町中で理解し受け止めてくれるのは、彼らが聞きなれた「音」の範囲だけです。一般市民が聞き手ですから、こちらの話に気長に付き合ってはくれません。レストランでメニューを注文する時もなかなか伝わらないということが起きます。ガソリンスタンドに行って地図（map）を買い求めたところ、店員がモップ（mop）を持って来たという笑い話があります。草（grass）とガラス（glass）もよく間違えられます。言葉はコミュニケーションの大切な手段ですから日常会話を軽視してはいけないのです。

ネーティブと接触する機会が日本では少ないため、日常会話の英語をどうやって習うかは工夫が必要です。教育委員会から小中の公立校へ派遣される外国語指導助手（ALT）をはじめ英語のテレビ・ラジオ番組、英語学習動画などが充実してきたことから、さまざまな機会を組み合わせることで日常会話学習のハンディキャップを乗り越えることができるはずです。

▼花や鳥の名前

アメリカで暮らしてみて、日常会話で植物や鳥が話題になることに気づかされました。バラ、タンポポ、シャクヤク、キンポウゲ、ツタ……。コゲラ、アオカケス、アオサギ、マガモ、ハチドリ……。これらがとりとめのない会話に登場するのです。知らないと会話についていけず、「つまらない人」と思われます。「つまらない人」で済めばまだいい方です。実は「教養のない人」と受け取られるのと紙一重です。パーティーに誘われ出席すると、自宅で草刈りをしていたら近くの木の枝にツグミが止まってかわいらしかったという話になるのです。会話についていけないからと言って、ビジネスの話を始めると座が白けてしまいます。次からはパーティーに声がかからなくなります。ビジネスの機会も結局は失われてしまいます。

英語を母国語とする、ある国へ日本の首相が赴いた際、昼食時に藤の花が美しいテラスに行きました。「藤って英語で何と言うの？」という質問に大使以下数人の館員から正解が出ませんでした。大使が言えなかったので他の館員が口をつぐんだという可能性もありますが、そういう状況なのです。

アカデミアで自分の専攻に没頭しているだけでは駄目だという話とどこか似ています。専攻分野の研究や技術を究めるには専門バカにならないといけないことは分かります。

ただ、専門バカだけでは駄目なのです。行き詰まる恐れがあります。研究や技術には深さと同様、広がりも必要だからです。専攻分野とそれに隣接する分野、そしてサイエンス全体に対する関心がないと研究や技術の成果は社会に還元されるチャンスが減ってしまいます。

リベラルアーツ――それもレベルの高い教員・研究者が幅広く間口を広げて、かつ深いところまでけん引するリベラルアーツ――が求められる理由はここにあります。ですからビジネスを展開しようとするならビジネスバカだけでは駄目なのです。

▼算数と英語

普通に日本語で使っている基礎用語を英語でも身に付ける必要があります。先に数が言えれば何とかなると書きましたが、実は one, two, three, four, ...ten ... hundred... million... ということだけでは駄目です。足し算引き算、掛け算割り算は基本です。しかし「六掛ける八」を英語で言える人は少ないと言えます。また単語として二分の一(half)、四分の一（quarter）は何とか言えても、十四分の一、二の三乗、十の十乗はどうでしょうか。二等辺三角形、直方体、対頂角、三角形の内角の和は百八十度を英語で言えるでしょうか。こうしたことも一回、早い時期にきちんと教えてもらえば記憶にしっかり残るでしょう。

学習指導要領の改訂により、文部科学省は「生きる力」を子どもにはぐくむことを重要な課題に掲げました。国際化を常に求められる日本にとっては、日常英会話と数の関係が「生きる力」とは決して無縁であるとは考えられないのです。

「生きる力」は大学生にとっても大切です。社会で生き抜く力ですから当然です。特に社会科学系の経済学部や経営学部、法学部などは実社会で活動してきた実務家を講師に招くことで授業は活性化します。実務家は理論と実践の橋渡しをしてくれるからです。弁護士や公認会計士、税理士などの国家試験合格を目指す学生にとってはアドバイザーにもなってくれます。実務家教員の指導により合格率がアップしたという例は枚挙にいとまがありません。恩恵は学生だけでなく、実務家教員の方にも現れます。自分の得手不得手と強み弱みが分かるからです。

実務家教員に対する研究者教員の風当たりは和らいできています。少し過去に戻ると、財務省が連携する講義では国の税制改革を説明するために官僚が送り込まれたとか、新聞社が協力する講義では政権批判を抑えるために論説委員が起用されたとか、一九九〇年代までは陰口をたたかれました。ひどいケースでは洗脳目的だとも言われました。今は違います。実学を重視してきた主要な国立大学法人では実務家教員（公務員、民間企業の社員）と研究者教員の協力関係が構築されてきています。それはスキルアップのために大学で学び直したいと希望する四十代以降のビジネスパーソンらにも刺激を与えています。

▼一橋大学のケース

私が教えた一橋大学の例を紹介しましょう。

実務家に寄せられる期待は、生々しい現実と理論のせめぎ合いについて理論から現実に迫っていくのではなく、現実から理論にアプローチしていく手法です。通常の学問や研究とベクトルが逆なのだと思います。学生は現実から入った方が面白がって勉強に集中します。具体的にイメージできるからです。イメージできないことはすぐ忘れてしまうし、経験値を高めてもくれません。学生はかなり敏感に反応します。一橋大学の商学部で二コマ、同大大学院のビジネススクールで二コマの計四コマを担当しました。商学部の二年生における「英語講読」では、アメリカ財務省の元高官が書いた貿易政策の決定論に関する本をテキストに指定しました。元高官は私の財務省時代に共に仕事をしたパートナーです。

本はもちろん全文英語です。アメリカが何を考えているか。アメリカがそれらの考えを実行に移すためにアメリカ国内でどういう調整をしたか。さらに外国とどういう交渉をしたかが本には書かれていました。貿易政策をめぐるアメリカの立場を補強する宣伝くさいところもあります。それを差し引いても、生き生きした貿易政策の実情が本から伝わってきます。元高官はもともと大学教授でしたから、それなりに分かりやすくまとめられていました。講読を通して学生たちはアメリカの視点を学びます。それに対して私は、日本の視点から本を解説しました。アメリカの政策は民主党政権か共和党政権かで、課題のとらえ方も課題解決の方法も違ってきます。アメリカには均一の、そして不磨の政策はそもそもないのです。一回の授業で一章を読み切ります。ついでに英語能力の向上も図る目的で課題を出しました。半ページほどの長さの英文を和訳してくださいと。私はそれを赤ペンで毎回添削し、学生に返しました。

英語と国際経済・金融の授業を一緒に進めたわけです。他の教員からは過剰サービスだと指摘されました。しかし、英文を読むというのは、英語の活字が頭を素通りしていくことではなく、内容を理解することだと学生たちは理解してくれたと思います。正直に言えば、大学生の赤ペン添削は骨が折れました。そのかいあってか、理論と現実の乖《かい》離《り》を批判的に考察する姿勢を少しは身に付けてくれたようです。

▼数学と経済学

社会科学の経済学や経営学、商学を学ぶには数学が欠かせません。狭義の人文科学である歴史や哲学、言語、文芸なども数学の素養は必要です。なぜならそれらの科学は人間と社会をテーマにしているからです。はやりのデータサイエンスや統計学を駆使するためというよりは、人間と社会を考察するためには数学は欠かせない手段なのです。

一橋大学で驚いた経験があります。英語と数学の大切さを学生に説いたら「数学が嫌だから文科系に来た」との応えが返ってきたからです。さすがに「文学部や法学部ならともかく、経済学部や商学部では数学ができないと通用しないと思う」と私は話しました。


例えば生産を取り上げてみましょう。毎時同じペースで製造していれば掛け算で済みます。それが変動するようになれば積分が必要です。経済成長を理解するには微分と対数の概念が必要になってきます。最低でも一変数および多変数の関数、極限、微分、関数の和・差・積・商の微分、合成関数の微分、逆関数の微分について基本が理解できなければ先に進めません。

私は動機付けが肝心だと考えます。数学のやる気を引き出すには数学を勉強する意味を理解する必要があります。

高校の数学から行列の単元が二〇一三年度以降、消えました。学習指導要領の改訂により二二年度から部分的に復活しました。このため多くの生徒は今も行列を知らないか、知っていてもゲームみたいだとしか思っていないでしょう。行列は産業連関の観点から投入と算出を多元的に理解するには極めて有効な考え方です。こうした情報を提供しないままに教えようとしたり実際に教えたりしても、行列への関心は起こりません。

文部科学省はデータサイエンス教育との接続を円滑にするため二〇二〇年に「行列入門」の教材を独自にまとめて公表しました。「本教材は、行列の基本的な性質を学ぶために作成したものです。／行列については、平成21年告示の学習指導要領における新設科目『数学活用』の『社会生活における数理的な考察』の『数学的な表現の工夫』の内容となりました。行列は現代数学の基礎的な内容として様々な場面で活用されているにもかかわらず、繁雑な計算の意味やどのような場面で活用されるのかがわかりにくかったことから、『数学活用』の内容としたものです」と分かりにくい説明を同省はしています。

それでも、行列を軽視した高校数学のツケは必ず回ってくるはずです。

経済学者だった宇沢弘文氏によれば、数学は言葉と並んで人間が人間であることを最も鮮明に表し、教育は子どもたちが数学と言葉をしっかりマスターすることが出発点にならなければなりません。数学によって人間は本来の姿に立ち返ることができます。そして、数学を学ぶというのは、どのような方法、手段を取れば数、空間、時間という自然の要素に近づくことができ、またどのような考え方を取ればその間に存在する厳然たる自然の法則を理解することができるかを学び、習得することですと宇沢氏は著書『日本の教育を考える』で言っています。

人間が自然と関わりながら活動する以上は数学を、人間が他人と関わりながら行動する限りは言葉をそれぞれ自分のものにしなければならないことが理解できたでしょうか。

▼ランキングは指標

ランキングや格付けは好きではないと私は言いました。それでもランキングについては「自分たちの力を知る指標」として無視するわけにはいかないと考えています。ランキングに振り回されるのはよくありません。とはいえ、目標や課題を設けるためには指標が欠かせません。ランキングは指標の一つです。

ＧＤＰ、一人当たりＧＤＰ、先に述べた英語力、ＰＩＳＡ、ＴＯＥＦＬとランキングがたくさんあります。大学のランキングも考慮しなければなりません。イギリスのＴＨＥ（Times Higher Education）紙は、世界の国・地域千九百六校の大学について二〇二四年ランキングを発表しています。指標は教育、研究環境、研究の質、産業界、国際性の五分野です。

それによれば、日本の大学は上から東大（二九位）、京都大（五五位タイ）、東北大（一三〇位タイ）、大阪大（一七五位タイ）、東工大（一九一位タイ）と国立大学が続きます。私立大学は順天堂大と慶応大の六〇一〜八〇〇位が最上位です。

二〇一四年のランキングは東大が二三位、京都大が五二位、東工大一二五位、大阪大一四四位、東北大一五〇位でした。これらの国立大学を見る限り、日本の「大学力」は十年間で増減に大きな変化はなかったことになります。

ランキングが「大学力」のすべてを表すわけではないにしても、日本の大学が世界ランキングの上位を占めることができていないことは看過できません。文部科学省は二〇一三年十一月に国立大学改革プランをまとめ、「今後十年間で世界ランキングトップ一〇〇に国立大学の十校をランクインさせる」と目標を発表した経緯があります。いつも素晴らしい提言がなされます。でも残念なのは新しい提言の内容の八割以上が、それこそ十年前のものと同じなのです。改革は進んでいません。

▼指標にならないノーベル賞

ノーベル賞の受賞者数を引き合いに出して、日本の大学力はまだまだ勢いがあると評価する声もあります。特にアジアでは自然科学系三部門の医学・生理学賞、物理学賞、化学賞を日本がほぼ独占してきた格好です。受賞の理由は昭和期とそれに続く平成期の研究成果です。令和期の研究が評価されるのはこれからです。果たしてこれからも、日本人受賞者が続くのかどうか。それについて私は現状において悲観的です。

ＴＨＥ紙がランキングの指標にする「研究の質」は、被論文引用数が大きく影響します。「研究の質」が日本で最も高かった東京大学のスコアは六七・八点でした。それに対し世界最高点のマサチューセッツ工科大は九九・七点で、二位のスタンフォード大九九・六点、三位ハーバード大九九・四点と続きました。東大はパキスタンのグジラート大（六九・五点）や中国の四川大（六九・三点）を上回ることはできませんでした。アジアでは香港中文大の九七・六点が最高です。東大をはじめ日本の大学に所属する研究者のまとめた論文が世界で影響力を失っていることを示していると考えられます。

これで日本の大学が世界で占める位置がよく分かったと思います。

▼三つの質

研究者・教育者を含めた大学の質（力）、学生の質（力）、そして国全体の質（力）が絡み合っていることが目標達成の要因であることをおさえておく必要があります。

改革を進める際にもう一つ大切な視点があります。資源には限りがあるということです。資源は税金であり、国や自治体の予算であり、関係する要員のことです。大学改革は教育力・研究力のアップと大学数削減と表裏一体の関係にならざるを得ません。

改革にはどうしても痛みが伴います。痛みや出血は可能な限り抑えるに越したことはありません。子どもの数が減り、入学定員割れとなった短大は本当に必要なのか。短大と専門学校との違いは何か。規模の経済を生かしてきたマンモス大学にダウンサイジングは必要ないのか。日本の大学を世界レベルに近づけるために適正な学校数はどのくらいか。そうした問題をいつまでも避けて通るわけにはいかなくなっています。

財政上の問題から、大学の運営と改革にむやみに税金を投入するのは難しいと言えます。そこで生まれたのが十兆円規模となる大学ファンドの創設でした。運用益を原資として安定かつ長期に投資をすることで、大学の研究を推進し、若手研究者を育成するのが狙いでした。政府の計画によれば、約三〜四％の運用益を目指して二〇二四年度から年間三千億円を上限に「国際卓越研究大学」に配分することになっています。前年の二三年九月に「国際卓越研究大学」の認定候補に選ばれたのは東北大でした。有力候補とみられていた東大や京大が選外だったことから関係者に衝撃が走りました。

資源の選択と集中により、総合大学を目指す大学が増えてくる可能性があります。ミニ総合大学が乱立するという現象です。短大の募集停止と合わせて学部の新設や改組を計画する大学が後を絶たず、実際、総合大学化の動きが出ています。私が危惧するのはミニ総合大学が乱立すれば経営がひっ迫することです。特色がなく教育力の低い大学は敬遠され、いつか募集停止に追い込まれることになるでしょう。

▼単位互換制度

大学の生き残り策で私の注目している一つが「単位互換制度」の活用です。これは他大学が提供する正規科目を履修し、その単位が自大学の単位として認定される制度です。特色ある大学が連携することで教育内容を充実させ、学生満足度を確実に上げられます。例えば、比較社会学概論はA大学で、データサイエンス応用はB大学で、人類史はC大学でといったふうに履修できれば、在籍するA大学にデータサイエンスや人類史の名物教授がいなくても、学生は知見を深めることができます。そのためには、この分野の教育だけは他大学に負けないという特色を出すことが大学側には必要です。「単位互換制度」を利用する学生はこれに食いついてくると思います。私の大学はデータサイエンスの教育・研究が抜きんでているとか、私のところは文化人類学の教員が充実しているとかといったふうに、他の大学に負けない分野を持つことが大切です。特色ある大学が集まり協定を結んでもいいでしょう。コンソーシアムを組んでもいいでしょう。連携することで、自己完結している総合大学を凌駕するわけです。「山椒は小粒でもぴりりと辛い」を大学が追求するということです。

文部科学省によれば、単位互換制度を国内大学との間で実施している大学は全体の八三・〇％（二〇一五年度）に達しています。具体的な運用は各大学の判断に委ねられています。それに加え、大学によって単位互換制度に対する認識や運用の幅に差があるため、制度が有効活用されていない実態がありました。新型コロナウイルスの感染が拡大した二〇二〇年度は大学教育がほぼ全面的にオンラインで実施されました。二三年五月に新型コロナウイルスが感染症法上インフルエンザと同じ扱いになった後も、オンライン授業と対面授業を組み合わせたハイブリッド型授業は一部の大学で続いています。高度化したＩＣＴ技術を上手に使えば、遠隔地にある大学との間で単位互換の協定を交わしたり、遠隔地の大学自体が複数の大学で構成する単位互換コンソーシアムに参加したりすることができるはずです。そのためには大学はやはり特色を出さなければなりません。そして競合しなければなりません。

▼絶対評価の大学選び

特色のある大学が全国で形成されれば、偏差値の難易度で志望校を受験生が選ぶという本末転倒な入試はなくなる可能性があります。相対評価から絶対評価の時代が幕を開けると考えるだけで私の心が弾みます。

「あなたは何をしていますか」と大学を出たばかりの若い人に尋ねると、○○銀行に勤めていますとか、商社の△△で働いていますとか、勤め先の名前を挙げると先に私は言いました。偏差値重視の大学入試に振り回されている受験生は同じ反応を示します。「あなたは大学で何を学びたいですか」と問うと、「東大に入りたいです」とか「慶応大学に行きたいです」などと答えます。大学で学ぶテーマよりも大学に在籍することの方が大切なわけです。帰属意識こそがすべてに優先されているのです。

日本の大学を山に例えてみましょう。

富士山はどこになるでしょうか。偏差値に縛られている限り、富士山は東大です。

文部省唱歌「富士山（ふじの山）」の歌詞はこうでした。

　あたまを雲の上に出し／四方の山を見おろして／かみなりさまを下に聞く／富士は日本一の山

替え歌を作るとこうなるでしょうか。

　あたまを雲の上に出し／四方の大学見おろして／道真さまを下に置く／東大は日本一の学

替え歌を口ずさむと腹ただしさより悲しさを覚えます。

それはそうです。富士山だけが山ではありません。

美しい富士山の存在そのものが、日本人の考え方を縛っている感じがします。駿河湾の北に海面すぐからすっくとそびえ立つ麗峰は日本の誇るべき自然であるとともに、他方で一つの三角形構造の頂点を象徴してしまいます。エベレストもアコンカグアもそれぞれ大陸の最高峰ですが、近隣に並ぶ他の山の高さとは一〇〇〇メートルの差も無く、あまり目立ちません。いわば、孤立してそびえる富士山型最高峰は世界標準ではありません。

トレッキングが趣味の一つである私は八ヶ岳が好きです。

八ヶ岳は「北八ヶ岳」が八柱山、剣ヶ峰、大岳、双子山、北横岳、蓼科山、三ッ岳、雨池山、縞枯山、茶臼山、丸山、高見石、稲子岳、ニュウ、中山、天狗岳、根石岳、箕冠山。「南八ヶ岳」が硫黄岳、峰ノ松目、美濃戸中山、赤岩の頭、横岳、赤岳、中岳、阿弥陀岳、立場岳、西岳、権現岳、編笠山、三ッ頭でそれぞれ構成されています。最高峰は標高二八九九メートルの赤岳で、二千メートル級の独立峰が連なっています。八ヶ岳連峰の山々はどれも個性的です。どれ一つ欠けても八ヶ岳連峰でなくなってしまいます。連峰の魅力は山そのものだけではなく、豊かな生態系やふもとまで続く調和のとれた景観によっても支えられています。

▼八ヶ岳型の大学を

日本の大学も本来、こうでなくてはいけないと思うのです。東大だけが大学ではありません。国立大だけが大学ではありません。国立も公立も私立も、個性的で実力のある大学がそれぞれに競い合いながら連峰を構成している。そうした連峰のどこかで学生は学問を思う存分に楽しむ。そして学問に思う存分苦しむ。それが理想ではないでしょうか。

替え歌を変えないといけなくなります。

あたまを雲の上に出し／四方の山を見渡して／やあ元気かと声かける／みんなが日本一の山

誤解してほしくないのがオンリーワンについてです。特色や専門性に触れる時、オンリーワンを気軽に口にします。はやりの言葉にすると「唯一無二」です。実はオンリーワンとナンバーワンは似て非なるものです。オンリーワンとナンバーワンには同じ価値はありません。ナンバーワンになれないから代わりにオンリーワンを目指すというのでは駄目なのです。オンリーワンはナンバーワンの先にしか存在しません。ですから日本で特色ある大学を作るには、ある分野においてナンバーワンの教育力か研究力を手に入れる必要があります。

▼会津大の挑戦

会津大学の例を挙げましょう。

会津大学は福島県会津若松市にある公立大学法人です。一九九三年四月の開学です。イギリスのＴＨＥ紙によれば、二〇二四年世界大学ランキングで「教育の質」のスコアは五八・六点でした。日本の大学の中では五位を占めます。一位の東大（六七・八点）をはじめ京大（六〇・〇点）、横浜市立大（五九・四点）、順天堂大（五九・三点）に次ぐスコアでした。驚くことに「国際性」は日本一位の八二・六点で、二位の東工大（六〇・一点）を大きく引き離しました。

会津大学によれば、新しい時代の「知」を創造するコンピューターサイエンティスト、高いコンピュータースキルを持ったエンジニアを育成するのが大学の目標です。世界の約二十の国と地域から第一級の教授陣が集まり、他の大学に類を見ない最高のコンピューター環境を提供するとともに、日本語と英語を共通語とする大学院を設置しているのが特徴だそうです。

特色ある大学の一つに数えられてもいいはずです。社会の認知度はどうでしょうか。旺文社によれば、二〇二四年入試の偏差値は四七・五です。

世界大学ランキングと日本の認知度、偏差値が大きく食い違っています。世界の評価と日本の評価が違うという点だけに注目すれば、過去の実績にとらわれる日本の閉塞状況を表していると言えます。

会津大学をはじめ個性ある大学がアライアンスを自発的に組んで「八ヶ岳連峰」を築き、「富士山」と競い合い、時には対抗する。単科大学同士による医理工社の連携も考えられます。単科大学が総合大学の設置した研究機関と研究協力協定を交わすこともあるでしょう。同時に単位互換制度の推進も考えられます。そのためにはまず、私たちの教育観や大学観、偏差値主義を見直さなければならないと私は思います。

第七章　将来を考えるのは誰か

大学の危機は意外な所からも迫っています。大学進学の経済効果です。大学に進んだらバラ色の未来が待っていると考える人は極めて稀です。大学進学率が二〇二三年春に過去最高の五七・七％（文部科学省調べ）を記録したことを踏まえれば、大学進学はバラ色の未来を約束するプラチナチケットにはなり得ません。大卒者と高卒者の平均賃金にはもちろん格差があります。大卒者でも就職先が大手企業か中小企業かで大きく異なります。生涯年収について言えば、総合職か一般職か技術職かで違います。

特色があっても社会的認知度の低い大学は、有名国公私立大学と比べて学生の就職活動で優位に立つことが少ないという実態があります。会津大学のケースでも、学部生の就職内定率は平均九七％に達している反面、就職先は華々しい大手企業ばかりではありません。

▼教育への投資

教育にお金をかけたから頭がよくなり道徳的にもなり、所得が向上したと簡単には言えないところに大学進学の難しさがあります。大学教育の費用対効果がはっきりしないからです。もし多くの人が費用対効果は低いと判断したら大学進学率は大きく下がることになります。これはかなり荒っぽい議論です。お金をかけて大学に進学しても、大学で勉強しなければ頭はよくなりません。人生経験豊富な教員に出会わなければ道徳的にもならないでしょう。

経済学者であった森嶋氏の言葉である「政治家の質が悪ければ、その国は尊敬されることはない」については先に触れました。まったくその通りだと思います。実はその言葉には前段があります。「高等教育をどのように改革して、どのように才能の優れた官僚、会社員、文化人が育てられたとしても」（『なぜ日本は没落するか』）です。この文の次に「政治家の質が悪ければ、その国は尊敬されることはない」が続くのです。日本が世界から尊敬されるための条件は質のいい為政者が一人でも多くいることです。

▼ドイツとの比較

日本はドイツとよく比較されます。戦前の東条英機氏とヒトラーから始まり戦後復興期の吉田茂氏とアデナウアー、東西冷戦期の中曽根康弘氏とコール、アメリカ第一主義時代の安倍晋三氏とメルケル、ウクライナ戦争期の岸田文雄氏とショルツに至るまで、両国首脳の政治姿勢や政治手腕、交渉術が比べられます。両国は第二次世界大戦の敗戦国でありながら戦後に目覚ましい復興を遂げたことが関心を引くのだと思われます。もちろん為政者には一長一短があるので「質」の良悪は簡単には判断できないでしょう。それでも教育という観点から為政者を見ていくと質のレベルはおのずと明らかになっていきます。

森嶋氏はこうも言っています。

「学校の良し悪しは、先生の良し悪しに大いに依存します。中等教育では、先生の知識水準だけでなく、先生の人柄も大切ですから、外面的な先生の経歴だけから良い先生かどうかを判定するべきではありません。どれほど名門の大学を出ており、どれほどよい資格をもっていても、神経質であったり、魅力のない人は決してよい《ママ》先生にはなれません」(『イギリスと日本』)

「学校」と「中等教育」を「政治」に、「先生」を「為政者」に置き換えれば、それは為政者に求められる最低限の条件を示していると言えます。

▼政治家と教育

では政治に携わろうとする人はどのような大学教育を受ければいいのでしょう。為政者を目指す人に対して大学はどのような教育を用意すればいいのでしょう。

政治家を英語で言うと、politician（ポリティシャン）とstatesman（ステーツマン）・statespersonになります。politicianは権謀術数をめぐらし精力的に動き回っている政治家のニュアンスがあるのに対し、statesmanは経験と洞察力、道徳性と国際性が豊かで、私利私欲の代わりに国益や公益を優先して考える政治家のニュアンスがあります。日本はどちらのタイプも「政治家」と一緒くたにしています。

政治に携わろうとする人はどのようにしたらstatesmanになれるのか。そのためにはどんな資格や能力が必要なのかを考えると、答えが見えてきます。

日本の大学は為政者を育てる学科はなく、政治研究者を育てる学科に特化しています。

それを踏まえて、政治に携わりたいと希望する人を養成する教育について考えてみましょう。

為政者や選挙候補者をわずか四年で「促成栽培」する大学教育はあり得ません。政治に携わるための国家試験はなく、唯一の掛けられる篩《ふるい》は選挙です。選挙は司法試験や公認会計士試験、税理士試験などの国家試験ではないことから、それを突破するためのカリキュラムを大学側が編成することはないのです。

▼政治家は促成栽培できない

アメリカには選挙運動員を「促成栽培」するための大学のプログラムがあります。アメリカン大学のキャンペーンマネジメント研究所は、連邦・州・地方の議会選挙などの運動員や運動希望者らを対象に二週間の集中プログラムを用意しています。共和党と民主党の選挙対策スタッフ、選挙コンサルタント、政治学者らが指導する講座は選挙運動の手法、選挙戦勝利までの戦略、具体的な戦術などを包括的にカバーしています。

大学がこうしたプログラムを客観的な立場で有権者に提供していることにまず驚かさ

れます。アメリカの大学生は政治意識が高いというか、政治活動や党員登録が日常化しているため、在学中から大統領選や州議会選挙などの運動員として活動することが少なくありません。政治に携わりたいと希望する人は実際の選挙運動を通じて、考えも行動も早い段階からもまれていくわけです。

ただ、これらのプログラムは「政治プログラム」にはなっておらず、「政治活動プログラム」「選挙行動プログラム」にしかなっていません。

日本の場合、大学の政治学科の多くは政治思想、政治理論、政治行動論、日本政治史、地域研究、国際政治などを主に学ぶ授業が開講されています。弁護士や裁判官になるための法律学科や、公認会計士や税理士になるためのマネジメント学科、ジャーナリストを養成するジャーナリズム学科はあっても、政治に携わるための学科はありません。

首相を含む為政者を何人も輩出してきた早稲田大学政治経済学部も「建設的な批判精神をそなえ、国際・政治・経済・言論・公務など多様な分野で冷静に、献身的にそしてグローバルに活躍できるリーダー」（政治学科）の養成を目指しているにとどまります。

雄弁技術と理論の研究を目的にする早稲田大学の学生政治サークル「早稲田大学雄弁

会」の出身者のうち、石橋湛山、竹下登、海部俊樹、小渕恵三、森喜朗の五氏が首相を務めました。一九七三年に亡くなった石橋氏の記憶は私にはほとんどありません。残る四人はいずれも弁論や弁舌の点で特に秀でた宰相という印象はありません。サークル活動で国民、有権者に分かりやすく、かつ正確に伝えるという弁論術に重きを置いていないのでしょう。失礼な言い方になりますが、一定以上の関心を既に有している相手だけに訴える、感激させるという、いわば仲間うちの〝自家消費〟に向けての修練になっているのではないかとも感じられます。現在のデモクラシーの要請とはズレているのではないでしょうか。

▼人気のなかった政治家職

私の大学時代は、学生の中で一番人気のある卒業後の進路は母校の教授になることでした。二番目は役人になること。その順番で見ていくと政治家というのは番外でした。それくらい政治家は人気がありませんでした。母校の卒業生には共通した特徴があります。コミュニケーション能力が高くないのです。自分が理解しているレベルの話は相手も当然理解しているだろうと考えてしまうのです。相手が分かるようにかみ砕いて話すということができないし、面倒に感じてしょうがない。「君、何でこれが分からないの?」と相手にあきれる人が少なくないのです。そして相手をあきれさせています。これでは、誰にでも分かるように話さなければならない為政者が務まるはずもありません。

誰に教えられたかは忘れましたが、「公務員が政策の説明を広く国民に対して行う際は中学生が理解できるように心がけなさい」と言われました。これは国民をバカにしているわけではありません。かみ砕いて説明することの重要性を説いたものです。

私が大蔵省（現・財務省）に入省した理由は、「将来世代」のことを職業として考えることができると考えたからです。「将来世代」は現役世代のずっと後の世代を指します。それは十年後の世代でもあるし、三十年後の世代でもあるし、半世紀後、一世紀後の世代でもあると言えます。「将来世代」にとって国や社会、暮らしはどうなっているのか、そしてどうあるべきなのかを考える場ではないかと財務省について思ったわけです。「国の信用を守り、希望ある社会を次世代に引き継ぐ」のが自らの使命だと言う財務省と私の考えは一致しました。

▼政治家の問題提起力

「将来世代」のために何を残し、何を捨てるかを国民に提起して決定するのは、もともと政治に携わる人の仕事です。負担や義務を「将来世代」に押し付けていいのか。「現役世代」が肩代わりすべきものはないのか。政治に携わる人はそれらを深く考え議論しなければなりません。そして国民に伝え、働きかける必要があります。未来を決する問題について国民に直接アプローチするのは政治に携わる人の責務でなければならないのです。それが三権分立の基本です。国家運営の課題で言えば、為政者はふだんから国の予算編成、税制改革、経済連携協定、国債発行、外国為替市場安定化などについて「現在だけではなく将来、どうするのか」と考えを深めておく必要があります。

自国通貨を発行できる政府・中央銀行は、自国通貨建てで国債を発行している限り財政赤字をどれだけ拡大してもデフォルト（債務不履行）にはならないとするMMT（現代貨幣理論）が一時、話題になりました。巨額の財政赤字にもかかわらずインフレも金利上昇も起きていない日本はＭＭＴの成功例だとする乱暴な意見もありました。財政健全化とＭＭＴの関係や経済運営、その発展の推移を国政に携わる人は無視するわけにはいきません。それらの是非を自分で判断できるようにしてほしいのです。

ですから「現役世代」はもちろんのこと、「将来世代」のことを真剣に考える人が政治に携わってもらわないといけません。国や自治体を破綻させないためには経済学や財政学を学び、「将来世代」に備えて国家財政や地方財政について見識を高めておかなければなりません。車が国道を走れなくなる。上下水道が使えなくなる。市民病院が閉鎖する。市バスが運行を停止する……。新規に造るものと既存のものの維持補修のどちらに力点を置くかという選択が最大課題となる時期に来ています。そうした住民サービスの中止や質の低下に「将来世代」は直面するかもしれません。それでも私たちは構わないのでしょうか。そんなはずはありません。

誰も将来のことを考えないのが一番いけないのです。私の専門となる財政に関して言えば、日本の普通国債残高は増加し続け、二〇二三年度末には千六十八兆円に上ると見込まれています。それを含めて債務残高はＧＤＰの二倍を超えています。主要先進国の中で最も高い水準にあって、財政の持続可能性について大きな課題を突き付けられています。「現役世代」がこれ以上、「将来世代」にツケを回すことは許されないと思います。

▼外交と教育と情熱

次に重要なのは外交です。国際社会と付き合う。そのためには英語が必要です。そして日本の成り立ちに関する知識が必要です。日本史であり、日本に座標軸を置いたアジア史であり世界史です。文化的視点と文明的な視点を欠いたまま外交を続けることはできません。この点、先ほど述べた日本・ドイツ両国首相の比較が参考になるはずです。

最後は教育です。「将来世代」をどう育て、いかに教えるかということについての識見がなければ政治に携わってはいけないと私は考えます。教育は国家百年の計です。教育は私たち国民一人一人の今の生き方と幸せ、そして未来の生き方と幸せに直結します。地域社会、国、世界を支えるのは教育であり、教育を受けた人たちだからです。

実はこの話には前提があります。政治家の資質についてです。ドイツの社会学者であるマックス・ウェーバー（1864〜1920）は『職業としての政治』で三つの資質が政治家には特に重要だと指摘しています。それは情熱、責任感、見識です。

ウェーバーによれば、情熱は現実への情熱的献身のことで、政治への献身はこの情熱によってのみ生まれ、養われます。責任は現実に対するもので、行為の決定的な目標です。見識は精神を集中して冷静さを失わずに、現実をあるがままに受け取る能力のことです。これこそ政治家にとって決定的な心理的素質です。

これら三つの資質が大学教育によって開花するかどうかは私には分かりません。なぜなら、同じ授業を受けても人によって理解度が違うように、同じ政治的体験をしても理解度は人によって違うと考えられるからです。とはいえ、政治に携わろうとする学生はウェーバーの『職業としての政治』を必読するべきでしょう。そこには最後にこう書かれています。

「政治とは、情熱と見識とによって固い板に穴をあけてゆく力強い緩慢な仕事であります。もしも世の中で不可能なことを成し遂げようとする試みが繰り返されなかったならば、可能なことも成し遂げられなかったであろうというのは全く正しいことで、あらゆる歴史的経験がこれを裏書しているところであります。しかし、それが出来る人は、指導者でなければなりません。いや、指導者であるだけでなく……」（阿部行蔵ほか訳『新装版・世界の大思想 3 ウェーバー 政治・社会論集』）

政治に携わろうとする人が学ばなければならないのは、財政と外交と教育に関係する科目だということが分かってもらえたと思います。これは先述した学際的なリベラルアーツが包摂しています。

日本の為政者は学生時代、財政と外交と教育に関係する科目を大学で体系的に学んできたでしょうか。政治を目指す欧米の学生は体系的に学んでいます。ハーバード大の学生は政治学をリベラルアーツ学部で専攻します。大学院に進めばハーバード・ケネディスクールで公共政策分野について研究し、政界、連邦政府、国際機関、コンサルタント会社などへ進むチャンスを得ます。

結局、財政と外交と教育について見識のない為政者が出てくると、国を運営する方向性が定まらないことになります。為政者にとって最大の見識は責任を取るということだと私は考えています。大学教育は、彼ら彼女らが何に責任を取らなければいけないかを教えられるものでなければなりません。責任は信念が生み出します。信念のない人に責任は取れません。責任を取る人は信念の人なのです。そして為政者として何をするのか。なぜ為政者になりたいのかという原点を彼ら彼女らは忘れてはいけないのです。

例えばそれを忘れないように、ジョージ・オーウェルの『1984年』を何度も読むべきでしょう。政治が行き過ぎるとどうなるのか。あるいは政治という名のもとに人々に干渉していくとどうなるのか。権力と自由、幸福の在り方がテーマである『1984年』にはそれが描かれています。できれば英語で読んでほしいのです。オーウェルの『動物農場』も同じです。

為政者の見識と実行力は有権者の尊敬を集めるための唯一の手段です。

これは日本だけではなく、世界各国で言えることです。世界中から尊敬される為政者が一日も早く日本にも誕生してほしいと願うのは私だけではないはずです。

第八章　世界はつながる

グローバル化した世界にあって日本だけで仕事や事業活動が完結することはほとんどありません。東日本大震災の直後に表面化した「サプライチェーン」の寸断により、半導体産業や自動車業界、電機・家電業界は、生産工場を東南アジアへ一部移す企業が相次ぎました。その一方で、一年以上海外留学する日本人学生は二〇一五年度から新型コロナウイルスが感染拡大する前の一九年度までは二千人前後で推移し、一カ月未満の海外留学を含めると一八年度はこれまでのピークである十一万五千人超となりました（日本学生支援機構調べ）。私の経験を踏まえると、若いとはいえ一年未満の留学では語学と生活習慣を身に付けるのには不十分です。少し奮闘して二年以上の長期留学に挑戦してほしいと思います。

▼内向きではいられない

財務省は外務省や経済産業省と違って諸外国との接点や交渉事が少ないと思われがちです。予算編成や概算要求（シーリング）が例年トップニュースに取り上げられるため、内向きの省庁ととらえられる傾向があります。

実はまったく違います。

財務省時代に私が担当した仕事を少し挙げてみます。国債発行、開発途上国の経済開発支援、国・地方の税収配分、所得税の税率構造の改定と非課税制度の見直し、消費税の導入と税率引き上げ、為替市場の点検と動向把握、アジアの地域金融協力推進、国際通貨基金（ＩＭＦ）や世界銀行など国際機関のガバナンス向上などです。このうち国内で完結した仕事はありません。税制改革でさえも諸外国の事例を徹底的に研究し、日本にふさわしい制度案を設計しなければなりませんし、国債の発行でもオイルマネーを多額に保有した産油国と交渉をしました。

このうち国際機関のガバナンス向上については、アメリカ財務省のカウンターパートと共同作業をしました。

ＩＭＦの二〇〇八年度年次報告（日本版）は第五章のタイトルに「ガバナンス、組織、および財政」を掲げています。そこにはこう書かれています。

「過去数年間のＩＭＦのガバナンス強化に向けた努力は、２００８年４月にＩＭＦ理事会の提案したダイナミックで前向きなクォータ（出資割当額）と投票権（ボイス）数の改革がＩＭＦ総務会によって承認されたことによって節目を迎えた。承認された改革は加盟国にとって重要な成果であり、近年の世界経済における多くの変化（特に新興国の躍進）を反映してクォータを再配分し、ＩＭＦでの審議において低所得国の投票権を増やすことを目標としている。／ＩＭＦ理事会はまたＩＭＦ財政の健全化にも大きな進展をもたらした。理事会は、新たな収入モデルについて合意に達し、それは２００９年度年初にＩＭＦ総務会で承認された。さらに、理事会は運営費用の大幅な節約を可能にする中期予算も承認した」

▼ＩＭＦ改革

出資割当額と投票権数の改革の具体案を最初に提起したのが私とアメリカ財務省のカウンターパートでした。ＩＭＦは国連と違い、投票権は一国一票ではないのです。加盟国の経済力に応じて出資比率、割当額に比例した発言力である投票権数、ＩＭＦ融資利用限度額がそれぞれ決まります。当時も今もアメリカが一番であるのは変わりません。

私たちが作業に着手した二〇〇四年当時、先進諸国の経済力は第二次世界大戦直後の姿とは異なる大きな変化が見られました。二十世紀最後の四半世紀においてイギリスやフランスに代わり日本やドイツが存在感を発揮していたのです。にもかかわらず出資割当額は、ＩＭＦが設立された一九四五年当時の水準でした。このためアメリカは単独で拒否権を行使し得る最大の出資額を維持する一方、援助等に向けられる資金の拠出額は漸減していました。経済発展が目覚ましい中国や韓国、ＡＳＥＡＮ各国、メキシコ、トルコなどは低い割当額に据え置かれたままでした。不公平は看過できない水準に達していました。

ルール通りに経済力に応じた出資比率を決め、それを当事国に受け入れてもらうには問題が二つありました。一つは金額の問題です。もう一つは発言力の問題です。値下げは嬉しい反面、値上げは困るという人情は世界共通です。ＩＭＦは国連の機関です。発言力の順位が入れ替わるのは、主要先進国では大きな問題にはならないのに対し、それ以外のインドやインドネシアが中国や韓国より下になるのはプライドが絡んで交渉に障害の生じることが予想されました。

それでも経済実態に即した組織運営をするべきＩＭＦルールにおいて、不公平は必ず是正されなければなりません。放置すれば、決定した内容の正当性が薄れてくるからです。

▼秘策

秘策がありました。アメリカに拒否権を行使し得るのに必要な割当額を上回る分を放出してもらい、その下がる分を新興国間の調整に回す方法でした。わずか数パーセントです。アメリカの当時の経済規模の割合は出資割当額を上回っていました。ある意味では過小代表となっていました。したがってアメリカ当局内にも引き下げに慎重な声はありました。しかし、権益を行使し得るに足る以上の割合を放出してもらうことの意義を最終的にアメリカは理解してくれました。アメリカと主要先進国を除けば、出資割当額の修正が実質的に行われるほどの大きな数字です。アメリカの内諾を得た後、関係国との折衝に入りました。韓国は日帰り出張、中国は日帰りができず一泊しました。インドネシアやインドは二泊三日の出張などにより、財務省トップらの説得に当たりました。この二つの国の場合、調整の結果、割当額は減らないものの順位が低下することになるからです。メキシコはアメリカ財務省のカウンターパートが担当し、トルコは電話等を通じて折衝を続けました。私が財務省を退官したのは二〇〇七年です。私のＩＭＦガバナンス強化の仕事はいったん終わりました。

二〇〇七年度年次報告（日本版）には「ＩＭＦ中期戦略（ＭＴＳ）では、世界経済における各加盟国の役割をより適切に反映させるためのクォータ（出資割当額）の調整、コミュニケーションと透明性の強化、中期戦略の優先事項を組み入れた成果重視型の中期予算枠組みの編成、ＩＭＦの費用効率と実効性の向上に向けたその他の措置の実施、長期的に安定した財政基盤確立のための新歳入モデルの導入など、ＩＭＦのガバナンスと運営のあり方について数々の改革が求められている。２００７年度には、上記いずれの点においても大きな前進が見られた」と書かれています。

何とかここまでこぎつけられたのは、傲慢に聞こえるかもしれませんが、それまでの財務省の仕事の中で鍛えられた英語力と実務力に加えて、百八十カ国を超えるＩＭＦ加盟国のシェアが具体案によっていかに変化するかについて夜を徹して算出してくれた同僚の理解と支援があったからでした。そして何よりアメリカのカウンターパートに恵まれました。戦略と戦術、交渉と説得はビジネス英語で、実務が終わればジョークを交えた日常英会話で彼と胸襟を開きました。仲間の気心を知らないとビジネスは成功しません。日本もアメリカも同じです。ですからコミュケーションツールの英語を軽視してはいけないのです。

残念なことに二〇二〇年に新型コロナウイルスが感染拡大する前でも、海外留学を一年以上する日本人学生は頭打ちの状態でした。大学生の考えは景気低迷に引きずられて内向きになっているのでしょうか。

学校の良し悪しは、先生の良し悪しに大いに依存するという話は先に触れました。一橋大学の教授だった時に学生による授業評価を受けて減点となったことがありました。

理由は「渡辺先生のテキストには答えが記されていない」からでした。答えを見つけたり編み出したりするのは学生の本分だと考えていただけにややショックを受けました。暗記教育の弊害です。考えることより覚えることを優先してきた結果です。地頭がいいと言われる学生でも、求めているのは「答え」なのです。決して学生がいけないのではありません。そういう教え方を延々と続けてきた教育システムがいけないのです。「答えが一つしかない世界」と「答えが複数ある世界」と「答えが分かっていない世界」が実社会では混在しているということを義務教育の段階から子どもたちに理解してもらう必要があるのです。暗記学習に縛られている限り、地頭のいい人は能力の無駄遣いを続けることになります。

▼国語がすべての基本

英語は小学五・六年生に加えて三・四年生でも必修になりました。本格化したのは二〇二〇年度からです。学び始める時期が早ければいいというものでは決してありません。国語の力が育っていない段階から英語学習に力を入れることに大きな疑問があります。

「英語脳」を言いだす前に「国語脳」、そして「算数脳」がずっとずっと大切です。

書物に書かれている内容を理解する。筋の展開はつじつまが合っているだろうか。もしつじつまが合っていなければそれはなぜだろう。そうしたことを考える論理的な思考力は「国語」を通じて養われるのです。「パパもママも国語を熱心に勉強したことなんかない」「母語の日本語は自然と身に付くから大丈夫」などと話す子どもの保護者は少なくありません。実はこれも成功体験へのしがみつきの一つです。「なるようになるさ」と過ごしてきて国語で問題は一つも起きなかったという体験です。「石川啄木の短歌も読めるし、夏目漱石の小説だって読める」と自慢げに話す保護者は、リポートや会議用文書を職場で理路整然とまとめることができているのでしょうか。もし、それができないのだとしたら日本の国語教育に難点があるはずです。

国語のテストには物語の心情理解を問う読解問題がよく出ます。登場人物の気持ちの変化を尋ねる設問が、物語の主題と密接に関わり、作者の創作意図を理解する手がかりが得られるからです。教育関係者によれば、それは手段にすぎません。本当の目的は心情理解を通じて他人の気持ちの分かる子どもになってもらうことです。国語は情操教育の手段だというわけです。それも重要だとは思います。

文部科学省は国語における語彙《ごい》について「全ての教科等における資質・能力の育成や学習の基盤となる言語能力を支える重要な要素である」と位置付けています。小学校の国語については二〇一七年告示の小学校学習指導要領に関係して①日常生活に必要な国語について、その特質を理解し適切に使うことができるようにする②日常生活における人との関わりの中で伝え合う力を高め、思考力や想像力を養う③言葉がもつよさを認識するとともに、言語感覚を養い、国語の大切さを自覚し、国語を尊重してその能力の向上を図る態度を養う――と同省は解説してきました。

コミュニケーションツールとして国語の課題・目標をとらえていることが分かります。少なくとも情操教育や人間性向上の学習は「特別の教科 道徳」に席を譲った格好でしょうか。改訂された小学校学習指導要領は二〇二〇年度に全面実施されました。

勉強をしなければならない理由について私は先に、ものを読んだり他人と話したりした際にそれらの内容を正確に理解すると同時に、自分の考えていることを他人に正確に伝えて理解させるためだと言いました。国語は勉強の礎なのです。

▼世界は具体と抽象で構成

数学は抽象的な物事を考える礎です。読み・書き・そろばんのそろばんが算数・数学ではありません。私たちの生きる世界は具体的な物事ばかりで成り立っているわけではなく、原理や法則、科学における仮説など数式から導かれる抽象的な物事からも出来上がっています。両方を理解することで私たちの世界はより広く、より深くなります。数学を軽視すれば私たちの生きる世界はより狭く、より浅くなります。算数は数学の入り口です。算数嫌いは数学嫌いを拡大生産します。楽しい国語、暗記でない国語と同様に楽しい算数、暗記でない算数を小学校から定着させる必要があります。この点、英語とは対照的に、楽しい国語と楽しい算数の学び始めは早ければ早いほどいいと考えられます。

大学受験の進路決定三者面談で「君は数学が苦手だから文系だ」「あなたは数学がで

きるから理系がいい」と教師の主導で篩《ふる》い分けられ志望大学が絞られることが少なくありません。本人もしょうがないと受け入れます。特定の教科に苦手意識があるなら合格は難しく、入学後の勉強は楽しくないから当然です。そうなると文系の人にとって数学の学力は中学三年〜高校一年がピーク。理系の人にとって国語の学力も高校一年の前後がピークになってしまいます。これではＤＸ（デジタルトランスフォーメーション）時代に活躍できる人材にはとてもなり得ません。私たちが購入したり提供したりする商品やサービスは、文理というカテゴリーを超えた広い視野で情報、知識を取り入れ、それを融合した結果です。顧客に自社商品を売り込む際、化学技術的な特徴やその優位性を説明できなければ営業パーソンとして失格でしょう。さらに営業実績を顧客管理、商品開発、販売戦略にそれぞれ結び付けていくには統計学の基礎知識が必要です。数学やサイエンスと無縁でいられる職業はかなり限られるのではないでしょうか。

考えてみてください。

▼恥ずかしい高一並みの数学

文系の大学生が「私の数学の理解度は高校一年生並みです」と言ったとしましょう。一方、理系の大学生が「国語の学力は高校二年生並みです。十年近く学んできた英語では話すことができません」と言ったとします。

それを聞いた欧米の大学関係者や大学生はどう受け止めるでしょう。はっきりしています。「大学で勉強を続けることは難しいと思います。高校生から学び直すべきです」と言うに違いありません。

文系の数学嫌い、理系の国語嫌いは個人の伸びしろを小さくします。その責めを個人に負わせるのは間違っています。なぜなら文系の数学嫌い、理系の国語嫌いが通用する「文理分断社会」「文理断絶大学」を私たち自身が作り上げてきたからです。マンモス大学では文系と理系の各キャンパスが遠く離れて設置されている例さえあります。

数学嫌いをなくすにはどうしたらよいでしょう。手段は二つあります。大学入試制度を改めることです。数学を軽視してきた高校と大学に数学の教育をしっかりと受け入れてもらうことです。もう一つは暗記中心の数学から楽しい数学・考える数学への転換です。どちらも質の転換ですからハードルは高いと言えます。

入試改革ではすべての学部・学科で数学と国語、英語を必須にします。その他二科目を自然科学、社会科学、人文科学から選んでもらいます。五科目を突破した学生は、大学が追求するリベラルアーツを通して学問的知識、科学的技術、芸術的感覚を複眼的にかつ大所高所から学ぶことができます。高大連携を生かし国際社会で通用する人材の輩出を大学が求めるなら、数学必須化の入試改革とリベラルアーツを柱にする大学改革を同時に進める必要があります。

▼数学必須の入試

数学必須化は数学を嫌々勉強する生徒を増やすかもしれません。数学を嫌悪することはないものの好きにはなれない生徒を増やす恐れはあります。それでは本当の意味の文理統合とは言えません。

全国には一～二科目で受験できる大学があり、英語一科目だけを課す有名大学もみられます。いきなり五科目というのは酷かもしれません。それでも日本が生き残るためです。一気呵成《いっきかせい》に改革を実行するべきです。

楽しい数学・考える数学への転換については、経済学者の宇沢弘文氏が次のように持論を展開しています。

「文学や音楽と同じように、毎日毎日の努力を積み重ねてはじめて身につけることができるものです。この点でも、数学は山登りと同じ面を持っています。山登りは、自分のペースに合わせて、ゆっくり、焦らず、一歩一歩確実に登ってゆくと、気がついたときには信じられないほど高いところまで来ていて、すばらしい展望がひらけます。数学も、決して焦らず、一歩一歩確実に学んでゆくと、始めはとてもむずかしくて、理解できないと思っていた問題もすらすら解けるようになります」（『日本の教育を考える』）

暗記をせきたてられる代わりに自分が自分に伴走する学び方を説いています。東大数学科を卒業した後に数学者の道を一時歩んだこともある宇沢氏だけに言葉に重みがあります。日本の数学教師のレベルは低くはありません。むしろ高いと言えます。一斉学習に縛られ、楽しい数学、考える数学を実践した経験が少ないこともあって、こちらは一気呵成に改革をというわけにはいきません。教育問題の根っこにある暗記教育からの脱皮を進める中で、宇沢氏の薦める学習法を取り入れるのが現実的でしょう。少人数教育の課題もそこから浮かび上がってくるはずです。

▼もったいない数学嫌い

高校二年生で微分法・積分法でつまずいたとしましょう。それで数学が嫌いになったとしたらこんなにもったいないことはありません。指数関数・対数関数は理解できたのですから自信を持っていいはずです。数学をあきらめたら数列やベクトルを学ばないことになります。数列は銀行に預けたお小遣いの金利計算に役立ちます。また、無味乾燥の極みと思われる数を並べた数列が、美の一つの姿と言われる黄金比へと導いてくれます。ベクトルは向きと大きさを持つ量です。出発点がしっかりとある概念で、考える方向と速度を確認できます。ビジネスの世界でもその概念が使われています。

数学が苦手だと意識過剰になることで、自分には論理的思考力が欠けているとやけになる人も出てきます。たった一つのつまずきで数学の単元すべてに苦手意識を持つ傾向があります。それは間違いです。数学は単元が別の単元と関わっているものもあれば、独立しているものもあります。宇沢氏の言うように自分のペースに合わせて、ゆっくり、焦らず、一歩一歩確実にやっていけば、得意になる単元は必ず見つかります。そうした可能性を排除してしまうのは本当にもったいないと思います。

例えば、三角比の得意な生徒が三角関数は苦手だと言った場合、数学の教師は「君は三角比が得意なのに対し、三角関数は苦手だと言う。指数対数になると全然分からないとも言う。そもそも三角比と三角関数、指数対数、そして微分積分は親類なのです」と生徒に自信をつけさせながら解法を教えてあげてほしいと思います。

偏差値による大学のランキングを無意味にするには、やはり教育に特色を出すことです。先に会津大学を挙げました。そのほかにはキャラクター造形学科のある大阪芸術大、マンガ学部の京都精華大、マンガ制作と映像・アニメーションの各専攻を備えた建築&芸術学部を持つ大手前大学などの例があります。これらの大学については偏差値にとらわれず、将来何を目指すのかが受験生の入試の決め手となります。現代の日本文化を象徴するアニメや漫画は、私の趣味である推理小説と共通点が多くあります。主人公やキャラクター、それを取り巻く人物関係、ストーリーの時代背景、社会情勢がしっかりかつグローバルに描かれていることです。時には最先端の科学技術への理解がないと物語そのものを深められないでしょう。ここでもリベラルアーツの視点が重要になってきます。

日本の大学ランキングについても、世界大学ランキングを発表しているＴＨＥ紙の基準を参考に、大学の専任教員一人当たりの学生数、教員の被論文引用数、在学生の男女比率、留学生比率、社会貢献度、産学連携度などの総合評価を基準にするべき時期が来ていると言えます。これは脱偏差値につながります。

▼自分でキャリアを作る

大学で主体的に学ぶことによって、自分でキャリアを作る、そして進路は自分で決めることができるようになるはずです。人生は自分で決断して前に進まなければなりません。自立した学生を一人でも多く輩出することが、グローバルに活躍できる人材を供給する必要条件です。人間は弱い存在です。情報が少なく漠然とした環境の中で決断することが苦手です。ですから決断する際に必要となるフレーム・オブ・リファレンス（frame of reference、価値判断・行動の基準）があった方がいいわけです。その方が考えはまとまりやすくなります。

幸いなことに主体的な進路選択を尊重する高校生の保護者が増えているようです。全国高等学校ＰＴＡ連合会が二〇二三年九～十月に実施したアンケート調査によれば、親子で進路の話をするときに高校生の保護者が最もよく使う言葉は「自分の好きなことをしなさい、やりたいことをやりなさい」でした。アンケートの回答者のうち五九・七％が使い、五一・六％だった一九年のアンケートに比べて八・一ポイントも増えました。それに対し「いい大学に入りなさい」は八・六％（一九年は一一・七％）にとどまっています。

どんな分野でもいいですから、さまざまな問題を突き詰めて考えて、それらを深く理解することができれば自分で物事を判断できるようになります。「この分野なら彼女に聞いたらいい」「この問題なら彼に問い合わせをしてみて」と職場や会社を超えて言われるくらいに、得意の分野を作ることが大切です。そうした水準に達していれば、右往左往することはありません。その基礎を大学で作るのです。面白いもので一つのことに集中してエネルギーを使うことができるようになれば、不思議なことに周りが見えてきます。自分の領域と違うのはここなんだ、意外と共通点があるんだ、といった具合にです。そうすると周りに親近感を持つようになります。専門を究めることは視野を狭めたり行動を制限したりすることでは決してありません。他の分野を理解するきっかけにもなります。ですから、どんな領域でも突き進み、第五章で触れたようにΠ（パイ）型人材を究めていくことです。

▼仕事が消える

ＡＩとＩＴ化の進展で、究めようとした領域で仕事がなくなる事態が起き始めています。ですから自分で安全策を講じる必要があります。大学の勉強で言えば、会計学と税法を専攻してもあまり意味がありません。全然違う領域を二つ選ぶべきです。法学を専攻したら地域景観論も専攻するとか、財政学を専攻したら天文学も専攻するといったふうにです。専攻が二つあることで大学卒業までにより広い視野で判断できるようになります。大学はその教育サービスを可能な限り提供することです。

技術革新や社会の変化により「今年度にアメリカの小学校に入学した子どもたちの六五％は、大学卒業時に今は存在していない職業に就くだろう」とアメリカの研究者キャシー・デビッドソンが言ったのは二〇一一年でした。実際はその通りにはなっていません（そもそも六五という数字に明確な根拠もなかったようです）。それでもデビッドソンが予想した傾向は間違っていません。当時、社会に定着していなかった職業にユーチューバー、プロゲーマー、ドローン操縦士、VR（バーチャルリアリティー）デザイナーなどがあります。現在はいずれも子どもたちに人気のある職業で、社会のニーズが高まっています。

デビッドソンの予想を大学教育と関連させて考えた日本人が当時何人いたでしょうか。「今ある大学の学部や学科とはまったく関係しない職業に学生は就かなければならなくなる。専攻を間違えると大学で勉強した内容が陳腐化し役に立たない」と私はとらえました。学生はアンテナを高くし、かつ広げて進路を選択しなければならないと思いました。もはや教員や保護者は当てになりません。学問領域が狭い学部学科に入学するべきではないとデビッドソンは言っていると私は理解したわけです。

そう考えるとどこの大学に入るべきなのか、何を大学で学ばなければならないのかについて真剣に考えざるを得なくなります。職業選択を優先するならば大学で何を学ぶかをまず優先しなければなりません。有名国公私立大学に運よく入っても、学ぶテーマがない限り後に苦しむだけです。モラトリアムの時間はありません。ですから大学浪人をすることもこれから無意味になっていくでしょう。考える力の伸びしろが大きい十代後半に、暗記教育に漬かるのは時間の無駄だということが社会に広く浸透するに違いありません。

デビッドソンの予言は学生だけに向けられたわけではありません。大学もアンテナを高く広げて、学生の卒業後に役立つ教育サービスへ舵を切る必要がありました。二〇一七年度以降、データサイエンス系学部の新設が相次ぐようになりました。大学側は改革のスピードを上げなければなりません。一橋大学は七十二年ぶりの新学部・研究科となるソーシャル・データサイエンス学部・研究科を二三年四月に開設しました。帝京大学は二二年度より数理・データサイエンス・AIの知識および技術をリテラシーレベルで身に付けることを目的に学部横断型の「数理・データサイエンス・AI教育プログラム」を開講しています。さらに二五年度にはデータサイエンス学科（仮称）を新設する予定です。学生のニーズに応えるために大学は社会のスピードに追い付く必要があります。

製造業では産業ロボットが導入され、人間は肉体労働から大きく解放されました。次はあらゆる業界にＡＩが導入され、人間の知的労働が取って代わられる番です。人間は肉体労働からも知的労働からも解放されてどこへいくのでしょうか。

▼チューリングテスト

人間のふりをしたコンピューターを見破るテストに「チューリングテスト」があります。質問者は何人かを相手に個別に会話をします。質問者はその会話の相手の回答を聞いて、それが人間かコンピューターかを判別しなければなりません。判別不能ならば、そのコンピューターは人間に近いことになります。二〇一四年、あるコンピューターの回答が「人間である」と質問者たちに判断され、チューリングテストに史上初めて合格しました。あれから十年がたちます。ＡＩの進化がこのまま続けば、ＡＩが人間の能力を超えるシンギュラリティ（技術的特異点）を迎えるでしょう。それは二十一世紀の半ばにも来るともいわれていましたが、最近ではさらに前倒しで実現するとも言われ、かつ危惧されています。その時、大学はどんな教育サービスを学生に提供できているのでしょうか。

大学で勉強した内容が陳腐化するということは、教員が陳腐化することにつながります。影響は教育だけにとどまりません。経済にも政治にも及びます。

シンギュラリティの時代に私たち人間はどういう領域でロボットやＡＩと戦えるのかを考えなければなりません。暗記詰め込み型の教育、一年前とほとんど変わらない働き方、生活課題の解決を優先しない政治はいずれも過去のものになっているはずです。製造業では３Ｄの設計図をもとに３Ｄプリンターで材料を積層し立体を造形するアディティブ・マニュファクチャリング（Additive Manufacturing）が主流になっています。エンジンの部品から工具、人工関節まで身の回りの物を高精度かつ低価格で素早く造形してくれているはずです。材料はプラスチック樹脂から各種金属、コンクリートまでが幅広く利用されます。

サービス産業は、ＩＴや金融、投資、資金調達などの知的サービスと、医療福祉や保育・教育などの肉体的サービスに二分されます。農林水産業もロボットとＡＩを導入したスマート農業やスマート林業に転換し、後継者不足は解決されているはずです。

二〇一九～二〇二〇年度の幼児教育の無償化、私立高校の実質無償化、高等教育の無償化をめぐっては政権政党をはじめ各政党が「わが政党の成果です」とこぞって宣伝するくらい熱心に取り組みました。それと同じくらい熱心に、各政党は大学教育の未来についても取り組んでほしいと思います。それを阻む理由に切実度の低さがあります。雇用や賃金、医療や福祉の新施策は生活に直結します。極端な場合、人の生き死にと関わります。それに対して教育は人の生き死にと関わることは少なく、新施策の効果が表れるのにも時間がかかります。その結果、切実度は低く、政治家にとって「教育は選挙の票にならない」と考えられかねません。そして票にならない教育は後回しにされるだけです。

ですから教育を変えましょう。教育内容を変えるしかありませんと私と一緒に言ってほしいと思います。そうしないと大きなツケを将来に回すことになります。

▼「上」から進める改革に期待

暗記型の大学入試が、国数英の科目を中心にした思考型出題に変わった場合、高校の学習は間違いなく変わります。高校の学習が変われば高校入試が変わり、中学入試も見直されます。そして小学入試も変わらざるを得ません。高校教育と大学教育、両者を接続する大学入学者選抜を一体的に改革する取り組みである高大接続改革は、小中高大接続改革となるわけです。ゴール（大学）が変わるとスタート（小学校）も変わります。決してその逆ではありません。

教育は「上」から進める改革しか有り得ないことがこれで分かっていただけたと思います。ＩＭＦガバナンス強化の時のように、全体をカバーし綿密な項目を明示する改革プランを「上」から全体に押し広げていくことが必要です。「下」からの改革を待っているだけでは何も変わりません。世界の潮流から遅れ、一流国から脱落していくだけです。

もちろん過度的な措置は必要でしょう。いきなり国数英と世界史、化学の五科目で受験しなさいと言われても困る受験生がたくさん出てきます。国数英もしくは国数英と他の一科目という組み合わせを認める必要があるでしょう。

総合点では合格水準に達した学生の入試の数学や国語の点数が一定水準以下だったケースについては、数学基礎編や国語基礎編などの授業科目を教養課程に設けて大学入学後に基礎力を上げる工夫をすればいいのです。数学では指数・対数、微分・積分、数列・行列などを学び、国語では論説文の構成とライティングを学ぶといったようにです。アメリカではアファーマティブアクション（積極的格差是正措置）による学力低下への対応ということもあったのでしょうが、主に一年生を対象とした「クリエイティブライティング」という授業が開かれていました。「補講」の名称からくる恥ずかしさに配慮した命名です。私は留学時代にこのコースで書き方の多くを学びました。私の英語レベルに合致していたのです。ですからここでも、大学浪人をする意味はなくなります。教養課程や教養科目を効果的に使う大学はやはり「特色ある大学」として打ち出せるはずです。

ただ、それも内向きの話です。外向けの話としては「特色ある大学」を海外へも打ち出す課題があります。そのために一工夫も二工夫も必要です。日本が世界に誇れる水や空気や緑、花鳥風月をめでる人情、伝統工芸、省エネ技術、社歴一世紀を超える多数の老舗企業などは貴重な資源で、大学の研究や事業化の対象です。

日本人が国際会議に出席すると「ジャパニーズは3S」だとよく言われました。特に一九八〇年代まではそうでした。Sのうち一つはsmile（スマイル）、二つ目はsilent（サイレント）です。ニコニコして自分の意見は言わないということです。最後はsleep（スリープ）です。会議で居眠りをすることです。順番が回ってきて意見を言わなければならない時はペーパーを一方的に読み上げるという光景がよく見られました。これからの国際会議では日本人が意見を何か言っていると出席者から認知されることが大切です。認知されない限り、その先にある意見の交換にも実質参加はできず、尊敬を集めることもできません。閣僚も官僚も二年に一回以上のペースで担当が変わることが多いため、日本の認知度は極めて低いと言わざるを得ません。それでは日本の存在感を発揮できません。

財務省では国際租税の担当者はたとえ主税局内で異動になっても、OECD（経済協力開発機構）などの国際会議には常時出席して日本の立場を説明する試みを続けてきました。場合によっては局を越えて併任することも試みました。閣僚経験者や国会議員で外交を継続的にしている人は残念ながらいません。担務が変わればそれでおしまいという形です。日本のことならこの人に聞いたらいいと海外から言われる人がなかなか現れないのはそのためです。外交は英語ができるかどうかに矮小化されがちです。必要なら通訳を適宜付ければいいと思います。それよりは同じ仕事を継続的にしているプロフェッショナルが日本にいて、困ったことが起きた時に「あの日本人に聞いてみよう」という人材を育てることが大切だと思います。歴代最長の安倍政権の全政策について成否を判断する資格は私にはありませんが、それでも日本の首相はミスターアベだと世界から認知されていた功績は大きいと思います。首相でなくともいいのです。副大臣でも政務官でも党の外交部会のメンバーでも、日本の外交を長期に担う政治家が出てくる必要があります。

▼外交は意思疎通から

外交の基本はコミュニケーションです。コミュニケーションの第一歩は自分の言葉で語るということです。自分の言葉で語らなければ自分の考えている構想を説明することも他人を説得することもできません。致命的です。コミュニケーション能力が大学時代に一気に開花するとは考えにくい面があります。コミュニケーション能力も国語、数学、英語と同様に積み上げる学習が必要だからです。

小中学校の授業で教師がクラスで質問する際、成績が平均より少し下の子どもを当てることがあります。答えられないと平均よりやや上の子どもを当てます。それでも答えが出てこない場合は、クラスで一番優秀な子どもを当てるということをしてきました。クラス全体のやる気を引き出す三段指導法でしょうか。そこでは優秀な子どもが軽視され、リーダーシップを取ることが少なくなります。成績の良し悪しとリーダーシップの有無は完全に切り離されます。教師の目からすると優秀な子どもが目障りとは言わないまでも、視野の一番周辺部に置かれていないでしょうか。もしそうだとすれば平均主義のマイナス効果です。優秀な子どもに寡黙な子どもが多いことは平均主義に原因があると考えられます。コミュニケーション能力とリーダーシップ能力を育てる機会を義務教育の段階から創出しなければなりません。コミュニケーション能力に裏打ちされたリーダーシップは外交ばかりでなくすべての渉外で必要になります。

日本の為政者にリーダーシップを発揮する人が少ないと言われるのは、コミュニケーション能力をはぐくむ環境が子ども時代からなかったからでしょう。私はコミュニケーションとリーダーシップをいつも同列に置いてきました。

失われた外交の十年

外交をライフワークにしようとする為政者が本物かどうかを見極める方法があります。ローカルに考えてグローバルに活動する。同時にグローバルに考えてローカルに活動することを彼ら彼女らができるかを見るのです。一九九一年にソ連が崩壊して間もなくアメリカ一極体制が確立しました。日本にとって好機到来でした。東西冷戦のためアメリカに追随するのが精いっぱいだった日本は有効な外交カードをそれまで持ち合わせていませんでした。さあ日本の出番です。ただ、タイミングが悪過ぎました。バブル経済が崩壊したのです。やがて北朝鮮の核疑惑が現実のものとなり、北東アジアの軍事バランスが崩れ始めます。日本の「失われた十年」は外交の場でも顕著でした。ローカルに考えてグローバルに活動する。同時にグローバルに考えてローカルに活動する為政者は見当たりませんでした。日本の西隣にある中国と東隣にある米国。両国の対立は日本を間に挟んで進行します。アメリカでトランプ政権が発足した二〇一七年以降、米中関係は目が離せません。火中の栗を拾う覚悟と情熱でもって、日米中の共通利益を追求し実現する日本の政治家の登場が待たれます。

対外援助について私はアフリカに注目しています。アフリカは遠い、縁が無いと言う人も多いでしょう。しかし、アフリカの教育やインフラ整備の支援に関する豊富なノウハウが日本にあります。二十一世紀はアフリカの世紀だと言われ、人口急増と市場拡大に期待が集まっています。そのネガティブな効果として食糧需給の逼迫《ひっぱく》もあります。アフリカに対して中国やロシアが関与強化を打ち出しています。アフリカ諸国が財政危機に陥った場合の日本の支援策については、外務・財務両省で検討を進めているはずです。日本にできることは非軍事的協力に限られます。だからこそかえって当事国の民主化や経済発展に大きく貢献できます。国家百年の計に深く関われるのです。

アフリカに精通する日本の政治家は少数です。アフリカの平和実現のためイニシアチブを取れる政治家を私たちは育てられるのでしょうか。自問自答しなければいけないはずです。

▼大学生に必要な実用国語力

国数英の重要性について何度も私は言及しました。

国語の基本は聞く・話す・読む・書くの四つです。ですから国語力は「聞く力」「話す力」「読む力」「書く力」をそれぞれバランスよく十分に備えていることが前提となります。聞く・話すについては日常会話で使うことから苦手意識はなくても、文字離れが急速に進む現在、読む・書くについては苦手とする人が少なくありません。大学生でもきちんとしたレポートを書けない例が見られます。

国語は考え方や論理構成と深くつながっています。軽視すると大学の四年間を無駄にするばかりか、卒業後の実社会でチャンスを得られなくなる恐れもあります。

私が勧める実用国語を例に挙げると、「転」の習得という課題があります。単元に位置付けるなら、起承転結の「転」を応用できるようになるのが目標です。四コマ漫画の場合、起承転結に則って絵とせりふを描いていくのが基本です。「転」をどう描くかで四コマ漫画の面白さと価値が決まります。「転」は状況や場面を一転させる試みです。反転させたり急転させたり逆転させても構いません。もちろん暗転も好転もあります。私の言葉を使えば「飛び跳ねる試み」だと言っていいでしょう。

私はミステリー・SF小説を読むのが趣味です。ミステリーも起承転結のうち、転の描き方一つで秀作か駄作かが決まります。物語が後半に入り「どんでん返し」が起きます。それが「転」です。ミステリーだけではありません。普通の小説も、後半で状況設定を変えたり別の物語を挿入したり素性の分からない個性的な人物を新たに登場させたりして「転」を試みます。「転」は視点を変えるのが最大の狙いだと言えます。

エンターテインメントで「転」が重視されるのは、わくわく感や注意力を喚起するからです。ハッとすることでエンディングへの興味がかき立てられます。

実用国語は別の視点や第三者の立場を意識して、聞いたり読んだり、話したり書いたりすることです。ですから学生のリポートには「転」が盛り込まれていなければなりません。それは予想される自説への反論や批判であったり、二歩も三歩も踏み出した自分の大胆な予測であったり仮説であったりします。大学受験で小論文を選択したことのある学生なら納得してもらえるのではないでしょうか。それでも「転」を、「書く」以外の「聞く」「話す」「読む」において深く意識することはなかったはずです。「転」を習得すれば、ディベートも研究発表も卒業論文執筆も苦痛になりません。実社会では手際よく報告書をまとめられるはずです。

日本では修辞学が顧みられることはほとんどありません。自分の考えや意見を効果的に伝えることによって相手の理解と納得を得るための技術が修辞学のテーマです。私の企図する実用国語は、修辞学に少し近いと言えます。

▼転の政治家

財務省時代に「転の政治家」だと感じられる人がいました。一九八〇年七月から八二年十一月まで大臣を務めた渡辺美智雄氏です。金融制度・証券取引制度の改革をめぐり銀行局と証券局が対立し、大臣室で局長同士が口角泡を飛ばすことを繰り返しました。両者とも冷静かつ論理的で一歩も譲りません。解決の出口は見えません。業を煮やした渡辺氏が言いました。「分かった。明日、銀行局長と証券局長を入れ替える人事を発令する。二人とも立場を変えてもう一度議論しよう」。渡辺氏が主張したのは、自分の所属する部署やグループの利益代表としてではなく、大所高所から制度改革について私たちは議論しなければならないということでした。

このように、利害対立者の視点、第三者の視点を実社会のあらゆる渉外の場面で取り入れられる基礎力が、実用国語の学習を通じて培われると私は考えています。

高級官僚の作る計画案は論理的で完結しています。不備はありません。それがぶつかり合うわけですから、がっぷり四つです。それでもやがて来ると予想された金融ビッグバンなどの対応を所管官庁として考えておかなければなりませんでした。銀行・証券両局の「局益」は金融ビッグバンの前では無意味だったわけです。

どんな組織や職場にも、渡辺氏のように「転」を試みることができる人材が必要です。それは教育界、財界、政界でも同じだと思います。

▼安直な知は存在しない

私たちが知識を求める時、簡単に手に入れられる方法があります。ダイジェストや要旨を読んだり聞いたりすることです。時間をかけて内容を理解しながら初めから終わりまで読み進める方法とは対極にあります。タイパ（タイムパフォーマンス）を重視するZ世代がインターネットを通じて断片的知識を入手する方法もそれに当たります。

私の好きなミステリー・SF小説は、最後を読み終わる瞬間まで物語の真実は伏せられているというのが約束事です。途中にネタバレがあり、物語の謎や真犯人が暴露されてしまえば誰も先を読まなくなります。自分の知識を他人に自慢し優越感に浸りたいのなら、ネタバレ満載のダイジェストを読むことに喜びを感じるかもしれません。ファスト映画がもてはやされたのも同じ理由からでしょう。ファスト映画は、オープニングからクライマックス、結末までを十分間ほどに要約した違法動画です。物語を楽しむのではなく知識の獲得を目的にしていたことから、視聴者がハラハラドキドキすることも登場人物に感情移入することもほとんどないと言えます。

小説や教養書、学術研究書はミステリー・SF小説と同じです。最後を読み終わる瞬間まで物語の展開や考察、仮説の正当性は完結していません。ニーチェの哲学を意訳したとする啓発ダイジェスト本（『超訳ニーチェの言葉』〔ディスカヴァー・トゥエンティワン刊〕）が二〇一〇年に出版されベストセラーになったのを機に、ヘルマン・ヘッセやカール・マルクス、フランシス・ベーコンなどの「超訳」ダイジェスト本の刊行が相次ぎました。

Z世代は一九九〇年代半ばから二〇一〇年代初めに生まれた世代のことです。「古典」に接する機会が少なかった彼ら彼女らが「超訳」ダイジェスト本を支持しないわけはないと考えられます。『超訳ニーチェの言葉』に対しては「手軽に読めた」「今度は言葉の抜粋ではなくニーチェの著書に触れてみたい」などの感想があらゆる世代から寄せられたといいます。

「古典」を読もうとする大学生や大学を卒業した社会人は、原作に忠実な翻訳本を手にしてほしいと思います。超訳本やダイジェスト版は制作サイドの意向や翻訳者の個性が反映され、中には時代に合うように改変されていると考えられるケースまであるからです。安直な知識には注意が必要です。それを見抜けるようになることは大学で学ぶ目的の一つです。

▼理想の大学

私が大学を作るとしたら、建学の精神はとてもシンプルなものになります。まずリベラルアーツの大学です。教養主義を掲げます。それは人間主義と言い換えることができます。

一〜二年次の教養課程を特に重視します。自然科学系から人文社会科学系まで一流の教育者と研究者を配置して最先端の学問に学生が触れられるようにします。受験で抑え込まれていた学生の知的好奇心を一気に開花させるのが狙いです。私の大学に文理断絶はありません。テーマは人間であるから当たり前です。したがって専攻学部毎の入学試験ではなく、総合点で入学可否を判断します。

文理融合のカリキュラム編成にもかかわらず、学生の希望する授業や専攻を大学側が用意できなかった場合は、国内外の他大学と協定を交わし、単位互換の認定などを通じて学生の希望を可能な限りかなえられるようにします。学生が知識偏重の頭でっかちにならないために人間性の開発と合わせて実学を重視します。フィールドワークや実習はそのための手段です。対面式の少人数教育とオンラインを通じた一斉授業を組み合わせ、AIやデータサイエンス、統計学など実社会で役に立つ科目を必修化します。入学試験で国語、数学、英語のうち基準点を下回った科目については、入学後の特別学習プログラムを通して一定レベルに達成するまで個人支援をします。

島国の日本は資源が少なく人口が多いため、諸外国との交流・相互依存をさらに深めていかなければなりません。そのための人材を私の大学から輩出します。同時に奨学金制度や教職員給与規定を常に見直し、有能な学生と教職員を海外から受け入れます。学生の国際性と語学力を養うため、教養課程の授業の多くは英語で実施します。英語は高校までおざなりにされてきたライティングにも力を入れ、第二外国語はコミュニケーション手段である聞く・話すに特化します。

三～四年次の学生は、専門分野を少なくとも二つ選ばなければなりません。「複数専攻」です。履修する単位群を二以上のグループに分け、主専攻とそれ以外の副専攻にします。そして保護者や教師の「カビが生えた」とまでは言わないものの、相当な時代遅れとなっている基準で勧められた、または強制された専攻学部や学科に進むのではなく、自らの興味と感性に合致した分野の専攻を学生が自ら選ぶのです。これが進めば、女子のＳＴＥＭ（science, technology, engineering, mathematics）の専攻が少ないという現状にも変化が出てくると思います。

私の旧友である私立大学の経営者は「こうした入学後の専攻決定方式は、結局教授の数の多い大きな大学に入学者が集中することになり、特色のある中小規模の大学は存在が脅かされるのではないか」と懸念を述べています。その恐れはあるものの、単位互換制度を柔軟にし、対面授業とオンライン授業の組み合わせを活用することで打開できるのではないでしょうか。

入学の基準は高くありません。一方、学位取得と卒業の基準は少し高くなります。世界基準に合わせた「入りやすく出にくい大学」です。ですから取得できた学位の価値は高くなります。

キャンパスは教育・研究に集中できる静穏な学園地区にあります。キャンパスには欧米、東南アジアを中心とする外国籍の教職員や外国人留学生が目立ちます。大学の付属図書館は終日利用可能です。毎月一回は国際学会がキャンパスで開かれ、宿泊施設を備えたセミナーハウスは学会出席者で埋まっています。

起業する学生が次々に途中退学するものの、何年かすると必ずと言っていいほど再入学します。最先端の研究と技術を学び直して新たな視点で事業継続化を構想するためです。教職員の流動性と多様性も低くはありません。引き抜きの勧誘が常にあるからです。他大学からは「最先端研究のサラダボウル」と呼ばれています。教授会の責任と役割は明確で、民間の公開会社並みに意思決定は透明で早いのが特徴です。学生への求人が国内外の企業・団体・研究機関から殺到し、欧米三割、アジア四割、日本国内三割の比率になっています――。

本書のまえがきで具体的プランを提示して手の付けやすい所から手を付けるのが実務家であると私は述べました。私の作る大学は建学の精神から手を付けます。それは大学の骨格を決める最も大切な哲学だからです。そしてカリキュラムの編成へと進みます。

あとがき

日本の教育事情を深く考えるようになったのは、一橋大学で二〇〇八年に教鞭を執り、文部科学省の国際教育交流政策懇談会（二〇〇九年一月設立・一一年三月最終報告書）の委員になったのがきっかけです。

まず一橋大学で教えるに当たって考えたのは、私がどう大学に貢献できるかということでした。研究者ではありませんから、体系的に物事を教えることに優れているわけではありません。それでも、体系的に教えている研究者の授業を受けた後の学生に、それが世の中にどう反映されているか、いかに動いているかを生々しく伝えることはできます。

私が所属したのは一橋大学大学院商学研究科でした。

経済学の学説は、過去の実態をもとに構築されています。現実の社会は動いているため、学説では説明がつかないことが数多く起きます。特に金融や国際経済の分野では内容が大きく変わり、従来の学説では説明しきれないことが目立ちました。なぜ従来の学説が現状を説明できないのかを批判的に分析する姿勢を学生全員が大学時代に身に付ける必要があります。この理論と現実の橋渡しをするという点で私は貢献できると考えました。

口が悪い私は、大学院生に対する授業の開講に当たって「君たちはこれまでに国際経済、国際金融についてオーソドックスな授業を受け、それをマスターしてきたと思う。これからの私の授業では、実際の世の中は君たちが教わった理屈通りにはいっていないことを紹介する」と言いました。

例えば、為替水準の決定要因について従来の学説では、貿易の均衡レベルで決まるとされています。それに対し現実の為替市場は、貿易の決済市場というより、資金運用市場と化しています。決済の割合は今や為替取引量全体の一割前後まで落ちています。物の値段や貿易状況と為替相場の上下は関係が希薄になっているわけで、市場の通貨水準がこれまでの考え方に則って計算された「理論値」と乖離《かいり》しています。

一国の通貨の強さを正確に測るには、複数の相手国通貨と比較する必要があります。

日本（円）をアメリカ（ドル）、ＥＵ（ユーロ）、中国（元）などの複数通貨にウエート付けしたものと比較する必要があるのです。その際、今のウエート付けは貿易の量を基準にしています。日本にとって最大の貿易相手国である中国を例に挙げれば、日本の輸入総額のうち中国の占める割合は総額二〇・三％（二〇二二年）です。とはいえ、円をめぐる為替取引の二〇％を中国が占めているわけではありません。貿易量のみを基準にしてウエートを計算することにほとんど意味はありません。

現実の値が理論値からズレているかどうかという議論がよく交わされます。大きくズレた期間が長く続いた時には理論値を計算した定式、プログラム自体が間違っているかどうかの点検をする必要がありますが、それが看過されていることがあるのは残念です。官僚にとって説得力とぶれない発信は極めて重要です。それが信頼につながるからです。二〇〇四年七月から〇七年七月までの財務官時代は、Ｇ７の政策担当者十三人（七カ国の財務省と中央銀行の担当者で構成）と日常的に接触し、意見交換を続けました。私の主張や説明は、幸いにもその後の日本政府のアクションプランと大筋で合致していました。財務官時代の三年間、毎週一回は on the record（引用自由）で、経済ジャーナリストらに時間無制限で現在の課題やその要因についてレクチャーしました。このオンレコ情報は、報道を通じて瞬時に世界に流されますから影響力があります。そこで話した内容も、それまでの国際会議で論述した実際の政策とは乖離がありませんでした。こうした積み重ねにより、他国から交渉相手としての信用を築くことができました。

財務官の任期中、為替が比較的、安定していました。着任当時は、アメリカの貿易赤字と財政赤字の「双子の赤字」について言えば、絶対額もGDP比も膨らみ続けていました。このため国際的不均衡に関する深刻な議論が持ち上がりました。やがてアメリカの財政収支が好転し始め、貿易赤字の拡大幅にも減速感が出てきました。それに合わせて深刻な議論も沈静化していきました。こうしたことから、結果として私は一度も為替介入をしませんでした。そのため多くの人から市場重視派という過分の評価をもらいました。

市場重視の姿勢はもちろん重要です。私は為替介入を頭から否定しているわけではありません。為替水準を人為的に設定するような為替介入はもちろん不要です。それでも市場参加者に悪影響を与えかねないような不測の事態には、救済的な介入をしなければなりません。二〇〇一年九月十一日のアメリカ同時多発テロによる混乱がその一つです。また、私が財務官に就く一年半前にはイラクの首都バグダッドで発生した爆弾騒ぎがきっかけにドルが大きく下落しました。直前までアメリカの経済指標は極めてよかったにもかかわらず下げ幅は大きく、市場は混乱しました。不安定要因が続くようでしたら介入を検討しなければなりません。混乱の振幅を最小化するためのスムージング・オペレーションを実施するための為替介入はあり得るのです。

こうした現実は、理論で数値化して解くことはできません。では迷ったときにどう決断したらよいでしょうか。市場の振れ具合はどこまでいくのでしょうか。放置しておくとずるずると悪い方に振れていくかもしれません。しかし、市場と長年付き合っていると予想が立てられるようになってきます。緻密な勘といったようなものです。

実は為替に関する動きは、広い意味でゲームの要素があります。それぞれのプレーヤーがさまざまな思惑を胸に秘めて動いています。したがって、こうしたカウンターパーティ（取引の相手方）や市場とのコミュニケーションをいかに取るか、思惑をいかに認識するかが重要になります。為替変動の影響は大きいですから、関係各界にきちんと説明する能力を身に付けた人材、コミュニケーション能力を持って強いメッセージを送れるような人材が欠かせません。

産官学の交流によって理論と現実の溝を埋めてきたアメリカでは、官界と産業界、アカデミアの関係が柔軟で、有能な人材が自由に行き来できるようになっています。ですから優れた人材はすべて大学教授予備軍であり、政府高官予備軍です。しかも、年齢の制約がありませんから、驚くほど若い人材が登用されています。

何しろアメリカは、四十三歳でケネディが大統領に就いた国です。

これに対して日本では、ある種のプロフェッショナリズムが色濃くあります。学界と産業界、官界との間に距離を置くことが正しい立ち位置だという伝統的な考えがあります。敷居と言っていいでしょう。もし、理論が現実を説明できないし、理論が実践の場面でまったく役に立たないといったことが起きていれば、行政や民間サイドから大学にフィードバックしなければならないでしょう。敷居を理由にそれを怠れば、理論と現実の乖離はますます大きくなります。官僚の作成する施策案について科学的根拠が薄く勘に頼って推し進められていると考えられる場合には、アカデミアの側が理論や科学的根拠を提示し、それらに対する行政側の反応を見極め再度フィードバックしていく必要があります。こうした相互の連携と協力が、産業界、官界、学界の間で緊密に広がっていくのが理想です。

経済学者のシュンペーターは、異なる知識の融合によってイノベーションが起こる可能性が高いと言っていました。異なる知識の融合は異なる人材の融合であり、分野の異なる人々の連携協力に違いありません。産官学の交流を通じた理論と実践のすり合わせは、イノベーションの礎に必ずなるでしょう。アメリカが範を示しています。

私が委員を務めた文部科学省の国際教育交流政策懇談会は次のような最終報告書をまとめ、大学の国際化を促しました。

「『「知の国際化』を担う中心的な場が大学であることは言うまでもない。大学の国際化に向けた取組は、これまで中央教育審議会においても議論されており、大学国際化戦略事業、そして現在のグローバル30（二〇二〇年をめどに三十万人の留学生を受け入れる事業・引用者注）にも見られるように、様々な形態で実施されてきているが、これらの取組は決して十分とは言えない。我が国の大学を国際化していくためには、英語による授業数を学部段階から飛躍的に増やす等の大胆なカリキュラムの見直しや、外国人教員も含め、国際水準の授業を英語で行える教員を増加させる等の抜本的な取組が必要である。また、提供される教育の質の保証がなされることを前提に、教員のみならず、企業等で国際的に活躍している者が学生に講義を行うという方策も、国際感覚に優れた人材を育成する上では効果的であると考えられる」

最終報告書の公表から十三年がたちました。今や世界全体で知的資源の争奪戦に突入しています。知的資源の創出、交換に取り組める力を維持していけるかどうかが、そこでは大きな課題です。知的資源の拠点の一つとして日本の大学が残れるかどうかは日本の生命線に関わる問題だと思います。

「教育改革」を改革できるかどうかは、私たち一人一人の本気度にかかっています。

本書で述べたポイントの多くは既に他の人が指摘しています。それをあえて「自分流」にまとめてみました。これが読者皆さんの議論のきっかけになれば嬉しく思います。

そもそも本書上梓のきっかけは、二〇二三年七月三十日付の中央紙一面に「大学改革／教育の機能／強化必要」と題する拙論が掲載されたのがきっかけです。これを読んだ「帝京新書」編集長の谷俊宏氏から感想が寄せられ、同年八月から月二回のペースで教育に関する私の考えや考察を掘り下げ、谷氏に対面で「集中講義」をすることになりました。講義は「補講」を含めて九回に及びました。講義と言っても「教員」一人、「学生」一人のためおのずからディスカッションを柱とする「渡辺ゼミ」となります。用意した資料やメモに基づき持論を私が展開すると、大学時代に森嶋通夫、宇沢弘文両氏の薫陶を受けその後森嶋氏からは直接指導の機会を得たという谷氏から質問が発せられます。逆に谷氏のユニークな考察を私が受け止め、それを私が深めていきました。

「渡辺ゼミ」は森嶋・宇沢両氏二人の泰斗の経済学および思想について私の蒙をあらためて啓くとともに、泰斗の考え方や視点を再確認することにもなりました。教える側と教えられる側がそれぞれの立場からテーマを探究する「渡辺ゼミ」は決して一方通行ではなく、双方向を通じた知的探究の試みでした。ほとんどの場合、「独り語り（モノローグ）」の世界になる執筆という局面を、今回は「対話（ダイアローグ）」の機会に変えることができたと思います。「渡辺先生のゼミに入ることができて幸運でした。毎回一時間半のゼミを通じて、日本社会を、そしてグローバル世界を教育、経済、政治の三つの視点から同時にかつ瞬時に眺めることができるようになりました」と言う谷氏は、「自分をイノベートできた」とも口にしました。シュンペーターの言葉が実感できた私の方こそ、幸運であったかもしれません。活発なゼミは教える側と教えられる側のボーダーが薄れ、知的探究は共同作業に一気に転換します。こうしたゼミが全国のすべての大学で開かれている光景を早く目にしたいと思います。

最後まで本書にお付き合いくださった読者のほか、本書執筆の機会を与えてくださった帝京大学理事長・学長の冲永佳史氏、帝京大学出版会代表の岡田和幸氏に厚く御礼申し上げます。

二〇二四年三月二十五日

渡辺　博史

主な参考図書（入手しやすい図書に限定しました）

マックス・ウェーバー『仕事としての学問 仕事としての政治』講談社学術文庫、2018年
マックス・ヴェーバー『職業としての政治 改版』岩波文庫、2020年
宇沢弘文『日本の教育を考える』岩波新書、1998年
宇沢弘文『社会的共通資本』岩波新書、2000年
ジョージ・オーウェル『一九八四年：新訳版』ハヤカワepi文庫、2009年
ジョージ・オーウェル『1984』角川文庫、2021年
ジョージ・オーウェル『動物農場：新訳版』ハヤカワepi文庫、2017年
森嶋通夫『イギリスと日本』岩波新書、1977年
森嶋通夫『イギリスと日本 続』岩波新書、1978年
森嶋通夫『なぜ日本は「成功」したか？』ティビーエス・ブリタニカ、1984年
森嶋通夫『政治家の条件』岩波新書、1991年
森嶋通夫『なぜ日本は没落するか』岩波書店、1999年

渡辺　博史（わたなべ・ひろし）

公益財団法人国際通貨研究所理事長。元財務官。元国際協力銀行総裁。1949年東京都生まれ。72年東京大学法学部を卒業後、大蔵省（現・財務省）に入省。75年米ブラウン大学大学院経済学系修士課程修了。主税局税制第三課長、同第二課長、大臣官房秘書課長、大蔵大臣秘書官、国際局審議官、国際局長を経て2004年財務官に就く。2007年同省退職。08年に一橋大学大学院商学研究科教授を務めた。単著に『ミステリで知る世界120カ国』（早川書房）、共著に『逆説の日本経済論』（PHP 研究所）など。

帝京新書006

「教育改革《きょういくかいかく》」の改革《かいかく》
—飛《と》び跳《は》ねる時代《じだい》へ—

2024年６月８日　初版第１刷発行

著　者　渡辺博史
発行者　岡田和幸
発行所　帝京大学出版会（株式会社 帝京サービス内）
〒173-0002　東京都板橋区稲荷台10-7
帝京大学 大学棟３号館
電話 03-3964-0121
発　売　星雲社（共同出版社・流通責任出版社）
〒112-0005　東京都文京区水道1-3-30
電話 03-3868-3275
FAX 03-3868-6588
企画・構成・編集　谷俊宏（帝京大学出版会）
印刷・製本　精文堂印刷株式会社

ISBN：978-4-434-34111-3

帝京新書創刊のことば

日本国憲法は「すべて国民は、個人として尊重される」（第十三条）とうたっています。帝京大学の教育理念である「自分流」は、この日本国憲法に連なっています。

自分の生まれ持った個性を尊重し最大限に生かすというのが、私たちの定義する「自分流」です。個性の伸長は生得的な条件や家庭・社会の環境、国家的な制約や国際状況にもちろん左右されます。それでも〈知識と技術〉を習得することにより、個性の力は十分に発揮されることになるはずです。「帝京新書」は、個性の土台となる読者の〈知識と技術〉の習得について支援したいと願っています。

グローバル化が急激に進んだ二十一世紀は、単独の〈知識と技術〉では解決の難しい諸問題が山積しています。国連の持続可能な開発目標（ＳＤＧｓ）を挙げるまでもなく、気候変動から貧困、ジェンダー、平和に至るまで問題は深刻化かつ複雑化しています。だからこそ私たちは産学官連携や社会連携を国内外で推し進め、自らの教育・研究成果を通じて諸問題の解決に寄与したいと取り組んできました。「帝京新書」のシリーズ創刊もそうした連携の一つです。

帝京大学は二〇二六年に創立六十周年を迎えます。

創立以来、私たちは教育において「実学」「国際性」「開放性」の三つに重きを置いてきました。「実学」は実践を通して身につける論理的思考のことです。「国際性」は学習・体験を通した異文化理解のことです。そして「開放性」は〈知識と技術〉に対する幅広い学びを指します。このうちどれが欠けても「自分流」は成就しません。併せて、解決の難しい諸問題を追究することはできません。「帝京新書」にとってもこれら三つは揺るぎない礎です。

大学創立者で初代学長の冲永荘一は開校前に全国を回り、共に学び新しい大学を共に創造する学生・仲間を募りたいと訴えました。今、私たちもそれに倣い、共に読み共に考え共に創る読者・仲間を募りたいと思います。

二〇二三年十二月

帝京大学理事長・学長　冲永佳史